KB133206

할머니표
집공부

아이와 싸우지 않고 공부하는 격대교육의 지혜

할머니표 집공부

초판 1쇄 인쇄 2022년 7월 26일
초판 1쇄 발행 2022년 8월 2일

지은이 서상완

발행인 백유미 조영석
발행처 (주)라온아시아
주소 서울특별시 서초구 효령로 34길 4, 프린스효령빌딩 5F

등록 2016년 7월 5일 제 2016-000141호
전화 070-7600-8230   **팩스** 070-4754-2473

값 17,000원
ISBN 979-11-97072-72-2 (03370)

라온북은 독자 여러분의 소중한 원고를 기다리고 있습니다. (raonbook@raonasia.co.kr)

할머니표 집공부

서상완 지음

RAON
BOOK

추천사

원동연(5차원 전면교육 창시자)

저자 서상완 교장 선생님을 처음 만난 지가 20여 년이 다가옵니다. 그 당시 학교에서 아이들을 가르치는 열정에 깊은 인상을 받았습니다. 몇 년 후 5차원 전면교육 기반의 교육을 하기 위해서 공모 교장에 응모하는 용기를 보여주셨고, 능력을 인정받아 교장으로서 좋은 열매들을 만드신 것을 기억합니다.

그런데 얼마 전 선생님이 쓰신 책 원고를 한번 읽어달라는 이야기를 주셨습니다. 은퇴 후에도 더 심도 깊은 교육을 위해서 연구실을 만드신 것을 알기에, 그간의 연구 결과를 보여주시는 줄 알았습니다. 하지만 책을 보면서 많이 놀랐습니다. 내용이 의외였습니다. '할머니의 손주들을 위한 교육 이야기'였습니다.

어떻게 보면 가장 힘든 일 중에 하나인, 할머니가 손주들과 부딪치면서 어떻게 그들을 도왔는가에 대한 이야기였습니다. 저에게는 너무 흥미로운 이야기였습니다. 왜냐하면 저도 손주들을 매

4

주 돌보면서 어려웠던 경험이 있기 때문입니다.

　'할머니와 손주의 인간관계가 잘 형성되지 않으면 어떤 교육도 소용이 없는데, 이런 문제는 어떻게 해결했을까? 그리고 매우 큰 세대 차이를 뛰어넘어 어떻게 학습에 대한 문제를 도왔을까?' 이 책 안에는 이런 문제들에 대한 답들이 있었습니다. 저처럼 이 책을 보시는 분들도 그 답을 찾을 수 있을 것이며, 이것을 가정에서도 실제로 실천해볼 수도 있을 것이라고 기대합니다.

　우리가 사는 시대는 3대가 함께 어우러져 살아갈 수밖에 없는 환경이 가속화되고 있습니다. 그러므로 이 책이 많은 분들에게 좋은 선물이 될 것이라 생각되며, 이 책 안의 보물을 모두 같이 즐겨 보시길 바랍니다.

● **전종보**(전 중부교육지원청 교육장)

"할머니가 간다!" 최근 들어 돌봄과 보육을 하는 할마(할머니 엄마)를 넘어서서 손자·손녀 교육까지 해내는 대단한 할머니가 제 주위에도 많습니다. 이 책은 손자·손녀에게 공부를 가르치고는 싶으나 도무지 어떻게 접근해야 할지 방법을 모르는 할머니에게 야무진 교육 길잡이가 될 것입니다.

또한 좌충우돌 집안일 돌보랴 직장 일하랴 바쁜 엄마들, 자녀교육을 잘하고 싶은 의욕이 넘쳐 직접 가르쳐보다가 힘들어 낙담하고 포기하려는 엄마들에게 큰 용기와 희망을 줄 것입니다. 자녀 인성교육을 토대로 작은 성공의 경험을 통해 자신감을 길러주고, 자녀와의 행복한 관계를 형성하게 하며 아이 스스로 공부의 길을 즐겁게 걸어가게 만드는 실증적인 지침서입니다.

● **권주영**(노일중학교 수석 교사)

이 책을 읽는 내내 미소가 지어졌습니다. 저자의 손녀 육아를 처음부터 지켜보았던 터여서, 그 시작과 결실이 귀하게 다가왔습니다. 함께 근무를 하던 교사 대부분이 저자를 활기차고 생동감 있는 '활어'로 기억합니다. 매일을 감사일기로 여기셨고, 아이들을 위하는 긍정 에너지는 함께하는 교사들에게 도전이 되곤 했습니다. 5차원 전면교육으로 실천하신 '매조천 학습'은 한 가정에서 실천한 사례를 넘어서서 어떻게 온전하고 편안한 아이로 성장시켜야 할 것인가를 생각하게 합니다. 아이를 지켜내는 것은 결국 아이를 기다리고 지지하는, 따스한 사랑이기 때문입니다. 그 사랑과 실천의 결과물이기에 이 책은 그렇게 깊은 울림으로 다가옵니다.

● 이선미 (직장맘으로 세 아이를 키우는 엄마)

이 책에서는 고된 일상 속 육아로 지친 부모와 학습 스트레스로 공부가 싫어진 아이 둘 다 보듬어주는 놀라운 교육법이 소개됩니다. 부모에게는 필수 육아 지침서의 역할을, 아이에게는 자존감 향상을 통해 행복한 삶으로 이끄는 안내자의 역할을 해줍니다. 격대교육에 대한 방향성과 이 시대가 요구하는 미래 지향적 가치관을 지닌 창의적인 인재 양성에 맞게 자존감 높은 아이로 키우는 노하우를 만나게 될 것입니다.

학습과 케어를 모두 만족시켜줄 수 있는 책. 이제 아이와 싸우는 건 그만. 공부 잘하는 아이가 되는 것은 덤.

프롤로그

산에 피어도 꽃이고 들에 피어도 꽃이고

길가에 피어도 꽃이고 모두 다 꽃이야

아무데나 피어도 생긴대로 피어도

이름없이 피어도 모두 다 꽃이야

봄에 피어도 꽃이고 여름에 피어도 꽃이고

몰래 피어도 꽃이고 모두 다 꽃이야

– 국악 동요 〈모두 다 꽃이야〉 중에서

내가 좋아하는 국악 동요 가사의 일부다. 우리 아이들은 모두가 꽃이다. 그런데 그렇게 사랑하는 아이들이 초등학교에 입학해서 공부를 시작하면, 꽃처럼 예쁜 존재였다는 사실을 잊을 때가 많다. 잘 키워보겠다는 욕심과 기대 그리고 실망, 불안, 조급함이 우리의 눈을 가리기 때문이다. 아이의 공부 문제가 부모의 문제가 되어 사랑하는 아이와의 갈등이 시작되며 그 갈등은 아이와 부모를 힘들게 한다. 행복하게 살기를 바라는 마음에서 시작된 것이 결국 불행해지는 어리석음을 선택하게 한다.

나는 성격과 기질이 다른 두 아이를 키우면서 공부 문제에 있어서 양극을 경험했다. 열심히 살았고, 나름대로 최선을 다했지만, 그 문제만큼은 내가 원하는 대로 되지 않았다. 다 성장한 후에도 아이의 공부에 대한 아쉬움은 계속 남았다. 그 마음을 내려놓자고 해도 잘되지 않았다. 그만큼 보통의 부모에게 있어서 '아이의 공부'는 내려놓기가 쉽지 않다.

손녀들과 공부를 처음 시작했을 때는 즐겁고 편안하게 공부했다. 공부라는 느낌이 들지 않도록 동화책을 읽은 뒤 느낌을 나누었다. 짧은 시간이라 아이도 부담 없이 할 수 있었다. 그러나 점차 학습량도 늘어가고, 열심히 해온 만큼 나의 기대도 커졌다. '그만큼 했으면 적어도 이 정도는 되어야지' 하는 나의 잣대에 부응하지 않는 손녀딸을 보면서 조급한 마음이 들었다. 결국 스스로 공부하는 아이, 즐겁게 공부하는 아이가 되도록 해보자고 시작한 공부가 '더 공부를 싫어하는 아이'로 만들고 말았다. 아이에게 "왜 집중을 하지 않니? 몇 번을 가르쳐야 알겠어? 또 원점이야?"라며 큰소리를 치고, 심한 말로 상처를 주고서야 내 잘못이 보이기 시작했다.

나는 새로운 마음으로 나를 성찰하기 위한 '손녀딸과의 공부 일기'를 쓰기 시작했다. 공부 방법에 대한 책도 보고, 지인들의 조언도 진심으로 듣기 시작했다. 이런 나를 보고 지인들이 그 이야기를 책으로 내면 어떠냐고, 같은 고민을 하는 다른 사람들에게도 도움이 많이 될 거라고 말했다. 이런 연유로 이 책을 집필하게 되었다.

초등학교 입학 후 첫 과제로 시작하는 아이의 공부는 단지 공부의 문제가 아니다. 아이가 인생을 살아가는 방식이다. 아이의 성장에 있어 공부는 무시해도 좋은, 단순한 하나의 분야는 아니라는 것이다. 공부를 열심히 하고 잘하는 아이뿐만 아니라, 공부를 싫어하고 잘하지 못하는 아이조차도 공부는 그들이 직면하고 있는 가장 큰 과제라는 것을 교직에 있으면서 깨달았다.

이 책은 아이와 공부 문제로 힘들어하는 부모, 조부모와 공부가 싫은 아이들을 위한 책이다. 나와 손녀딸들의 공부 방법인 '매조천(매일 조금씩 천천히) 실천 공부법'은 전문가 입장에서 보면 많이 부족할 수 있다. 그러나 이 방법을 통해 나는 '두 손녀딸들이 신뢰하고 좋아하는 할머니'가 되었다.

스스로 공부를 잘 알아서 하는 가원이(큰 손녀딸)는 공부를 하는 것이 싫지는 않다는 긍정적인 피드백을 주고 있고, 중학교에서 나의 도움 없이 자기 주도적으로 공부하고 있으며, 성과도 보이고 있다. 공부하는 것을 지겨워하고 싫어했던 지원이(둘째 손녀딸)도 공부에 대한 긍정과 함께 성장이 눈에 보이고 있다. 이에 따라 두 아이들의 자존감도 높아졌다. 더욱 기쁜 것은 학교나 주변으로부터 인성적인 측면에서도 긍정적인 평가를 받고 있다는 점이다.

내 아이가 어떻게 살기를 바라는가? 함께 행복하게 살기를 바라지 않는가? 아이들은 언제나 변화할 수 있고, 성장은 진행 중이다.

모든 아이들은 기질과 성격도 다르며, 환경적 요인도 다르다. 하지만 '매조천 실천 공부법'의 힘은 모두에게 속도의 차이가 있을 뿐 '성장의 키(Key)'가 되리라는 것을 믿는다. 그 힘을 통해서 공부 문제만 해결된 것이 아니라 아이와의 관계가 더욱 가까워졌고, 친밀해졌고, 행복해졌기에 나의 사례를 공유하고자 한다. 나 역시 공부 문제로 서로가 아프고 힘들었던 시행착오가 있었기에 이 책을 통해 작은 도움이 되었으면 한다.

서상완

1장

아이들에겐 문제가 없다

4장

창의적 인재의 지름길,
자기 관리와 인간관계

5장

'매조천' 학습 실천하기

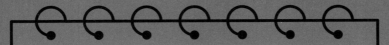

1장

아이들에겐 문제가 없다

매일, 조금씩, 천천히

핵가족의 한계와 조부모 교육

핵가족이라서 아쉽다

요즘 가정은 부모와 자녀가 중심이 되는 핵가족이 대부분이다. 산업이 발달하고 도시화가 진행되면서 핵가족이 늘어나는 것은 어쩌면 당연한 현상이다. 이러한 핵가족은 대가족에 비해 구성원이 민주적인 관계를 이루고 개개인의 자율성과 창의성을 발휘할 수 있는 기회를 제공하는 등 많은 장점을 지니고 있다.

그러나 핵가족화가 진행되면서 많은 문제점도 나타나고 있다. 부부간의 갈등이 일어나는 경우 중재해줄 사람이 없으므로 쉽게 심각한 상태로 도달해 이혼을 선택하게 되는 부부의 수가 점차 늘어나고 있다. 부부의 갈등과 이혼은 자녀의 심리와 정서의 불안정을 초래해 청소년 문제로 이어지고 있다. 또한 자녀의 분가로 인해 수입이 없는 노인의 경우는 경제적 곤란과 질병, 정신적 소외감과 고독감 등의 어려움을 겪고 있다. 웃어른으로부터 받았던 가정 내의 교육이 학교나 사교육 기관으로 이전되어 자녀 교육에 따른 경제적 부담이 늘어난 것도 핵가족이 가져온 부수적인 현상이다. 그런가 하면 가정에서 자연스럽게 이루어지던 예절 교육을 받을 기회도 줄어들었다. 어른에 대한 공경심이나 기본적인 예의범절이 부족한 아이들이 나타나는 데에는, 조부모와 떨어져 사는 이유도 한몫하리라 생각한다.

핵가족은 이처럼 장점과 단점을 모두 가지고 있지만, 여기서는 핵가족이라서 아쉽고 어려운 자녀의 육아 및 교육 문제에 관해 이야기하고자 한다.

출산율 세계 최저의 현실

부부가 맞벌이일 경우 자녀의 육아 및 교육 문제에는 많은 어려움이 따른다. 아이를 믿고 맡길 곳이 턱없이 부족한 것이 가장 큰 이유다. 그래서 최근에 와서는 신혼부부의 경우 이 문제가 해결되지 않으면 자녀 출산을 미루거나, 아예 출산을 포기하는 결과를 나타내게 된다. 이는 출산율 감소로 이어져 세계에서 가장 빠른 속도로 고령화가 진행되고 있다. 이 같은 인구 감소는 큰 사회문제로 발전하게 되는 것이다.

통계청의 최근 조사 결과를 살펴보면 2020년 기준 우리나라 여성 한 명이 평생 낳을 것으로 예상되는 평균 출생아 수를 뜻하는 합계출산율은 0.84명, 평균 가구원 수는 2.34명을 기록했다. 신혼부부에 관한 통계도 일맥상통한다. 결혼한 지 5년이 지나지 않은 초혼 신혼부부의 출산율은 0.68명으로, 자녀 수로는 한 명도 채 되지 않는다. 같은 조사에서 신혼부부의 44.5%는 자녀가 없었고, 뒤를 이어 자녀가 한 명만 있는 경우가 43.7%로 많았다. 결혼하면 자녀를 아예 낳지 않거나 낳아도 한 명만 낳아 사는 가족 형태가 널리 보편화된 것이다.

조부모가 비빌 언덕이다

전 세계 어린이들로부터 큰 인기를 얻고 있는 동요〈상어 가족〉는 "뚜 루루 뚜루" 하는 중독성 있는 멜로디로 귀여운 상어 가족을 소개하는 노래다. 노래는 아기 상어에 이어 엄마 상어와 아빠 상어를 소개하고, 뒤이어 할머니 상어와 할아버지 상어를 소개한다. 요즘 같은 핵가족 시대에 3대 가족을 그려내다니 특이하다고 생각할지도 모른다. 하지만 현재 대한민국의 현실을 떠올려보면, 이 노래를 부르는 어린아이들에겐 상어 가족의 모습이 익숙한 광경일 수 있다. 현재 상당수의 가정이 자녀를 한 명 두고, 조부모의 도움을 받아 육아를 하고 있기 때문이다.

부부끼리 둘만 산다면 서로 알콩달콩 재미나게 지내면 될 일이지만, 가족 구성원으로 자녀가 한 명 늘어난다면 따져야 할 문제가 기하급수적으로 늘어난다. 특히 부부가 모두 일을 해야 할 때 자녀를 누가 돌볼 것인가 하는 보육 문제가 그 가정의 가장 큰 숙제로 부상하게 된다. 통계청에 따르면 지난해 신혼부부의 절반가량(52%)은 맞벌이를 하는 것으로 조사됐는데, 그중 자녀가 있는 경우라면 상당수가 보육 문제로 한 번쯤 골머리를 앓았을 것이다.

요즘은 어린이집, 정부 지원 돌봄 도우미 등 외부 도움을 받을 수 있는 시스템이 잘 갖춰졌다고는 하지만 아직은 공급이 수요를 따르지 못하고 있고, 국공립 유치원 및 어린이집은 경쟁이 치열하다. 이외에도 부모 입장에서 보면 남에게 아이를 맡긴다는 것이 마음 편한 일은 아니다. 그러다 보니 아이를 맡길 수 있는 대안으로 부모나 친인척을 떠올리게 되는 것이다. 특히 양육 경험이 있는 조부모의 지원을 받을 수 있다면, 천군만마를 얻은 것 같은 든든함을 느낄 것이다. 더욱이 사회적 거리 두기로 가정 보육의 시간이 늘어난 코로나19 시대에는 조부모야말로 가장 믿음직한 '비빌 언덕'이 되었다.

이미 많은 가정들이 조부모의 도움을 받아 육아를 하고 있는 현실은 여러 조사 결과들도 뒷받침한다. 보건복지부가 육아정책연구소에 의뢰해 실시한 '2018년 전국보육실태조사(조사 대상: 2,533가구, 3,775명)'에 따르면 어린이집, 유치원 등 기관이 아니라 개인으로부터 양육 지원 서비스를 받는 경우, 아동 열 명 중 여덟 명(83.6%)은 조부모의 돌봄을 받았다. 그 가운데, 특히 자녀와 따로 사는 외할머니·외할아버지가 손주를 돌보는 '비동거 외조부모'가 양육 제공자인 경우가 48.2%로 가장 많았다. 젊은 부부가 일하러 나가면 따로 사는 외할머니·외할아버지가 육아 출근을 해 손주를 돌보는 모습이 대한민국 젊은 부부 가정의 일상이다.

또한 인구보건복지협회가 지난해 발표한 '코로나19와 워킹맘의 양육실태' 조사 결과를 살펴보면 '미취학 영유아 자녀'와 '초등 저학년 자녀'가 있는 워킹맘 모두 조부모·친인척의 돌봄 의존 비율이 높게 나타났다. 미취학 영유아 양육의 경우 주로 '어린이집·유치원을 이용(54.5%)'하면서 추가로 '조부모·친인척 돌봄(31.1%)'을 지원받았으며, 초등 저학년 돌봄의 경우 '조부모·친인척 돌봄(24.4%)'과 '돌봄 교실·방과후 교실(20.2%)'을 이용하면서 추가적으로 '사교육(43.0%)'을 이용하고 있었다.

할마, 할빠의 시대

이러한 시대적 흐름을 반영해 최근에는 할머니와 엄마의 합성어로 '할마(할머니 엄마)'라는 용어가 생겼다. '할마'는 엄마 대신 손주 양육을 도맡아 하며 손주를 위해 소비를 아끼지 않는 할머니를 뜻한다. 또 할아버지와 아빠의 합성어로 '할빠(할아버지 아빠)'라는 용어도 생겼는데, 마찬가지로 아빠 대신 손주의 양육을 도맡아 하며 손주를 위해 소비를 아끼지 않는 할아버지를 뜻한다. 맞벌이 부부의 증가로 부모를 대신해 조부모가 아이를 돌보는 가정이 많아지면서 생긴 신조어다.

자식을 잘 길러서 공부를 시키고 결혼을 시키면 부모로서 책임이 끝난다고 생각했던 사람들에게 또다시 손주를 돌봐야 하는 황혼 육아는 쉽지 않은 일이다. 그러나 오늘날 직장을 다니면서 힘들게 사는 자녀를 보면 도와주고 싶고, 귀한 손주를 남들에게 맡기기도 불안한 시대가 되었기에 많은 조부모가 타의 반, 자의 반으로 손주의 양육과 교육에 도움을 주는 것이다.

손주 돌봄, 내가 선택한 일

나는 2018년 8월에 정년퇴직을 하고 그해 9월부터 손주들을 돌보고 있다. 내가 선택한 길이었다. 나도 맞벌이 부부로 생활했기에 직장을 다니면서 아이를 키우는 것이 얼마나 어려움이 많은 일인지 잘 알고 있었다. 그리고 늘 바빴기에 아이들과 충분한 시간을 갖지 못했고, 아이들의 입장을 배려해주지 못했던 미안한 마음을 갚고자 하는 마음도 있었다. 나의 도움으로 아들과 딸의 가정이 편안하고 행복해질 수 있다면 다른 일을 하는 것보다 내 인생 후반기에 가장 의미 있는 일이라고 생각했다.

내가 외손주들을 돌보는 시간은 어린이집이나 유치원에 있는 시간을 제외하고 하루 대여섯 시간이다. 중간에 내 시간을 가질 수도 있어서 나의 생활에 크게 지장을 받지는 않는다. 물론 나는 친손녀들의 공부도 도와주고 있기에 여유 시간이 그리 많지는 않은 편이다. 하지만 은퇴를 한 노년에도 이렇게 다른 사람, 특히 내 가족들에게 도움을 줄 수 있다는 것이 기쁘다.

손주를 돌보는 일이 허리와 무릎 관절이 좋지 않은 나에게 가끔은 부담이 되기도 한다. 그러나 나에게 사랑과 행복 에너지를 주는 예쁜 손주들로 인해 나는 늘 행복하다. 아이들과 함께 있는 것은 나에게 있어 고맙고 축복받은 일이며, 아이들이 할머니를 잘 따르고 좋아하기에 더욱 감사하다. 또한 이렇게 열심히 매일을 살고 있기에 손주들을 돌보지 않는 주말의 여유를 더 감사히 여기고 달콤하게 누릴 줄 아는 기쁨을 덤으로 가질 수 있게 되었다.

매일, 조금씩, 천천히

부모라서 모른다

부모 모습은 세월이 흘러도 같다

"아니, 내일 선생님 오시는 날인데 왜 안 했어? 한다고 했잖아?"
"하면 되잖아요. 지금 할 거예요. 제가 알아서 한다고요." "매일 해
야지. 한꺼번에 하면 무슨 소용이야."

학습지 선생님이 오시는 날의 전날이면 엄마와 아이들 사이에
는 늘 이런 감정 섞인 대화가 오간다. 이 모습은 내가 아이들을 키
울 때 학습지를 검사하면서 똑같이 했던 말과 반응인데 예나 지금
이나 달라진 것이 없다. 이 모습을 보면서 '아이들이 스스로 공부
를 한다면 얼마나 좋을까? 내가 한번 해볼까?'라는 생각이 들었다.
이렇게 해서 손녀들의 집공부가 시작되었다.

세상의 모든 부모는 자녀가 자라서 건강하고 바른 사람이 되어
행복한 삶을 살기를 바란다. 그래서 부모로서 아이를 잘 키우기 위

해 육아 책도 열심히 읽고, 맘 카페에 가입해서 육아와 교육에 필요한 각종 정보를 얻는다. 그리고 자신이 노력하면 아이는 잘 자랄 것이라고 생각한다. 그런 부모의 기대에 부응해 아이는 잘 자란다. 그렇게 잘 자라고 있는 아이를 보면서 부모는 행복해하고 아이에 대한 기대는 점차 커진다. 그러면서 부모도 나름 최선을 다하고 있기 때문에 자신의 생각에 대한 믿음이 더욱 강해지며 자신의 생각에 사로잡혀 아이의 마음이 보이지 않는다.

내가 했던 일방적이고 강압적인 교육

종갓집 장손 며느리인 나는 모두의 기대와 사랑 속에 태어난 장손인 아들을 잘 키우고 싶었다. '공부도 잘하면서, 악기도 하나쯤 취미로 연주할 수 있고, 운동도 잘하는 아이'로 키우고 싶었다. 교사라는 직업 정신이 이러한 생각을 더욱 강화시켰다. 그때 당시 나는 잘 해낼 수 있다는 자신감도 있었다. 아이가 초등학교에 들어가면서 이런 생각은 더욱 확고해졌다.

시할머니와 시누이, 시동생 등 대가족과 같이 살던 시기라 퇴근 후 집안일이 끝나는 시간은 오후 9시였다. 그때부터 초등학교 1학년 아들을 11시까지 앉혀놓고 공부를 시켰다. 처음부터 기초를 잘 잡아야 한다는 생각에 글씨 쓰기부터 완벽을 강조했다. 잘못 쓰면 다시 쓰게 하면서 아이의 성격을 고려하지 않은 방식으로 숨막히게 했다. 아이가 싫어하는 피아노도 나중을 위해 필요하다고, 인생을 풍요롭게 하려면 악기는 기본이 되어야 한다고 하면서 강요했다. 내성적인 아이는 싫다는 소리도 못 하고 가슴앓이를 했다. 틱이 생겼지만, 엄마가 직장에 다니기에 생기는 정서적 불안 현상이라고, 어쩔 수 없다고 생각했다.

그런데 초등학교 2학년 때 아이가 자다가 가슴이 답답하고 숨쉬기 힘들다는 호소를 했을 때 그제야 정신이 번쩍 났다. 스트레스로 인한 증상임이 인지되었고 나는 많이 놀랐다. 그래서 처음으로 아이에게 의견을 물었다. 아이는 학습지, 문제집, 피아노 등은 안 하고 싶고 태권도를 하고 싶다고 했다. 아이가 원하는 대로 공부는 접었고, 태권도만 시켰다.

사실 그전에도 이렇게 아이를 공부시키는 모습을 보면서 남편이 아이를 그만 잡으라고 이야기했지만 내 귀에는 들리지 않았다. 도리어 퇴근 후 가사에 아이 공부까지 책임지는, 힘든 나를 도와주거나 인정해주지 않는다고 남편을 원망했다. 나는 하루하루 열심히 최선을 다했고, 여유가 없었기에 주변의 소리는 들리지 않았으며, 내 생각에만 사로잡혀 있었다. 나의 일방적이고 강압적인 교육은 공부의 첫 단추를 잘못 끼운 탓에 아들을 공부를 싫어하는 아이로 만들었다.

공부가 뭐길래?

아들이 중학교 3학년 때 다시 공부를 열심히 하면서 성적도 올

랐는데 대가족 속에서 자라서 그런지 예의도 바르고 인성도 좋아서 담임선생님으로부터 "아들을 어쩌면 이렇게 잘 키우셨어요? 저도 아들이 초등학교 5학년인데 이렇게 키우고 싶어요"라는 칭찬을 듣기도 했다. 이때가 나에게는 정말 행복한 시기였다. 이렇게 나에게 희망을 준 아들이 본격적으로 공부해야 할 고등학교 시기에 공부를 열심히 하지 않았다. 아들이 공부를 안 하는 것이 교사인 나에게는 큰 괴로움으로 다가왔고 우리 부부는 서로를 탓하면서 부부 싸움도 잦았다.

자식의 공부가 부모의 문제가 되는 것은 외국 사람이라도 다를 바 없는 것 같다. 《웰씽킹(WEALTHINKING)》(켈리 최, 다산북스, 2021)에는 세계 여행을 하면서 프랑스에서 만난 노부인의 이야기가 실려 있다. 그녀는 노부인에게 인생에서 후회되는 일이 있냐고 물었다. 그 노부인은 곰곰이 생각하더니 "딱 한 가지 후회되는 일은 두 아들에게 공부하라며 매일 싸웠던 것"이라고 답했다고 한다.

학교 공부를 너무나도 싫어했던 두 아들은 노부인의 마음을 늘 전전긍긍하게 했다. 사랑하는 아이들이 사회에 나가기도 전에 공부 못하는 아이로 낙인 찍혀 낙오자가 될까 봐 걱정되어 공부하라고 한 것이었지만 아이들에게는 잔소리일 뿐이었고 그래서 고등학교 졸업할 때까지 매일 고성이 오갔다고 했다. 노부인은 만약 그 시절로 다시 돌아간다면 아이들에게 공부를 강요하지 않겠다고 덧붙였다. 그리고 진정으로 좋아하는 일을 하도록 돕고 응원하면서 아이들과 행복하게 살 것이라고 말했다고 한다.

긴 시간을 두고 보니 별것 아닌 문제

교육학자 전성수 교수의 책《복수당하는 부모들》(베다니출판사, 2011)에도 공감되는 이야기가 많았다. 저자는 책에서 아이의 마음을 고려하지 않은 일방적인 강요는 아이도 부모도 의식하지 못하는 사이에, 아이의 무의식 속에서 부모가 가장 원하는 것을 하지 않음으로써 되갚는 행위로 나타난다고 했다. 이 말은 나의 뒤통수를 강하게 때렸다. 내가 아들에게 가장 원하는 것이 공부 잘하는 것이었으니, 아들이 공부에 매진하지 않았던 것은 어찌 보면 당연한 결과였기 때문이다.

몇 년 전 열풍을 일으켰던《엄마 반성문》(이유남, 덴스토리, 2017)도 다 이런 맥락에서 부모들에게 공감을 얻고 있다. 지금도 그때 아들이 가졌을 마음을 생각하면 나의 어리석음이 만들어낸 아들의 아픔에 미안함이 가득하다. 한때는 아들의 공부가 내 문제가 되어 너무나 힘들었는데 긴 시간을 두고 보니 그것은 별것 아닌 문제였다. 지금 나는 행복한 가정을 누리고 잘살고 있는 아들 덕분에 세 손녀와 함께 행복한 시간을 누릴 수 있으니 늘 고맙게 생각한다.

부모는 '아이를 믿고 기다리는 사람'

내가 부모였을 때와 비교해보면 할머니가 되고 보니 아이를 보는 눈이 달라졌다. 부모였을 때는 내 마음이 주를 이루고 아이 마음은 별로 보이지 않았다. 하지만 이제는 내 마음보다 아이의 마음이 더 크게 다가온다. 아이의 행동이 이해가 되니 화를 내기보다는 기다릴 줄도 알고 수용도 된다. 세월이 지나다 보니 조급하지 않고, 기다릴 줄 아는 여유가 생기며, 아이에 대한 믿음으로 불안해지지 않는다. 부모가 할 일은 아이를 믿고 기다리는 것이라는 사실을 깨닫게 되었기 때문이다.

사회적 범죄가 아닌 이상, 내가 아이의 문제라고 보는 것은 내가 문제로 여기지 않으면 문제가 되지 않는다는 것을, 지금의 모습이 다가 아니고 그것이 나중에 어떻게 다가올지 모른다는 것을 알기 때문이다. 긴 세월을 두고 보면서 지금 현재의 모습에 연연하지 않는 지혜가 생긴 탓이다.

내가 부모일 때는 몰랐다. 지금 보이는 모습이 전부인 것 같아서 내 생각대로 안 되면 좌절하고, 불안해했다. 바쁜 생활 속에서 여유가 없어서 기다릴 수 없었다. 다음 할 일이 또 있고, 그것이 안 되면 모든 계획이 틀어지기 때문이었다. 아이를 위한다는 교육적 명분 속에 어쩌면 내가 의식하지 못한 나의 이기심이 자리 잡고 있을 거라는 생각을 못했기에 부모인 나는 언제나 아이들에게 당당히 요구했다. 그것이 부모의 역할이라고 생각했기 때문이다. 물론 가끔 내 감정에 휘둘려 아이를 야단친 경우에는 미안함과 죄책감도 느끼곤 했었다.

부족해도 어쩔 수 없다

이렇게 우리는 세월이 가고 경험을 해봐야 안다. 이론적으로 부모는 '아이를 믿고 기다리는 것'이 중요하다는 것을 알고 있지만 경험하지 못했기에 아이가 자신이 생각하는 대로 자라지 않으면 불안해지고, 조급해지는 것은 어쩔 수 없다.

또한 공부가 아니어도 '자신이 좋아하는 일'이 있다면 그것을 열심히 하면 된다고는 생각한다. 그러나 현실에서 자기가 좋아하는 일을 어린 시절부터 확실하게 알 수 있는 아이는 몇 되지 않는다. 그러니 아이의 취미나 특기를 찾아서 응원해주고 지원해줄 수도 없다. 그래서 답답하다. 나도 그랬다. 그러니 보편적으로 공부에 매달릴 수밖에 없다.

그렇게 예전에도 지금도 부모 노릇은 힘들기만 하다. 부족해도 어쩔 수 없다. 부모로서는 최선을 다했기 때문에 죄책감을 가질 필요는 없다고 생각한다. 우리는 보통 사람이고, 부모가 행복해야 아이도 행복하기 때문이다.

그나마 다행인 것은 요즘은 우리가 아이를 키울 때보다 많은 정보와 경험이 공유되는 시대가 되었기에 관심을 가지면 부모 역할을 배울 기회가 열려 있다는 것이다. 좋은 부모, 지혜로운 부모가되기 위한 배움이 좀 더 쉬워진 것이 희망적이라고 생각한다.

매일, 조금씩, 천천히

젊은 할머니가 돌아왔다!

액티브 시니어의 물결

100세 시대가 되면서 '액티브 시니어(Active Senior)'라는 신조어가 생겼다. 액티브 시니어란 은퇴 이후 하고 싶은 일을 능동적으로 찾아 도전하는 50~60대를 일컫는 말로 탄탄한 경제력을 바탕으로 적극적으로 소비하고 문화 활동에 나서는 노년층을 말한다. 이들은 외모와 건강 관리에 관심이 많고 여가 및 사회 활동에도 적극적으로 참여한다는 점에서 기존의 '실버세대'와는 구분된다. 이것은 버니스 뉴가튼(Bernice Neugarten) 미국 시카고대학교 심리학과 교수가 "오늘의 노인은 어제의 노인과 다르다"라고 말한 것에서 유래했다. 전통적인 시니어와 액티브 시니어의 특성을 각종 측면에서 비교하면 다음과 같다.

| 시니어 구분에 따른 특징 |

특징	전통적 시니어	액티브 시니어
세대 특성	수동적, 보수적	적극적, 미래지향적
노인 의식	노인은 노인답게	나이와 젊음은 별개
보유 재산	자녀에게 상속	노후 준비를 위해 사용
취미 활동	동일 세대 간 교류	다른 세대와 교류
노후 준비	자녀에게 의존	스스로 준비
소비 생활	검소함	가치 소비

이처럼 기존의 노년 세대와 다른 가치관과 능력을 가진 액티브 시니어들은 경제력을 바탕으로 이미 소비 시장의 주요 고객으로 자리 잡아 각종 마케팅의 대상이 되고 있다. 국내 유일 시니어 전문 박람회인 '대구 액티브시니어 박람회'는 2017년부터 매년 진행되고 있는데, 2021년에는 '사람을 위한 행복한 기술, 시니어는 청춘이다!'라는 주제로 시니어의 지속 가능한 삶을 위한 제론테크(Geron-Tech, 노인을 위한 과학기술) 제품에서부터 기술, 정책까지 전반적으로 소개했다. 이외에도 각종 지역 사회단체와 대학교에서 액티브 시니어 과정을 운영하는 등 각종 프로그램을 개설하고 있다.

TV 방송 등에서도 은퇴 후 제2의 인생에 자리 잡은 액티브 시니어를 초빙해 삶의 이야기를 들려주거나 이들의 활동 프로그램을 진행하고 있다. 또한 영화에서도 노년의 새로운 모습을 보여주고 있다. 70세에 인턴으로 채용되어 그동안 쌓은 전문 지식과 경험을 바탕으로 회사에서의 생활을 성공으로 이끌어내는 영화 〈인턴〉(The Intern, 2015)의 주인공처럼 액티브 시니어는 이제 새로운 노년의 모습으로 자리 잡아가고 있다.

통계청 조사 결과를 살펴보면 55~79세 가운데 재취업 의사를 밝힌 사람은 68.1%로 10년 전 58.7%와 비교하면 10%가 증가했다. 물론 이것은 일부 경제적 측면이 반영된 결과겠지만, 노년에 무조건 쉬는 것이 아니라 일을 하면서 즐거움과 의미를 찾는 것이 행복이라는 생각의 전환이 이루어지고 있음을 반영한다. 앞으로 이 비율은 더 늘어날 것이다.

100세 시대, 65세까지는 청년이다

UN이 발표한 인류의 새로운 연령 기준에 따르면 18~65세가 청년, 66~79세는 장년, 80~99세가 노년이다. 그동안 어르신으로 대접받았던 66~79세가 장년이고, 80세가 되어야 노년이라고 하는 것이다. 노년의 기준이 거의 20년이나 늦추어진 것이다. 현재 103세의 나이에도 불구하고 여전히 건강한 삶을 유지하면서 왕성한 열정으로 강의와 책을 통해 우리에게 삶의 지혜를 깨우치고 있는 연세대학교 철학과 명예교수인 김형석 교수는 "100세를 살아보니, 60~75세가 인생의 황금기"라고 했다. 90세까지는 늙지 않는다고 하면서 고생을 모르면 행복도 모른다고 했다.

예전에 비해 경제력과 고학력을 갖추고, 자기 관리를 통해 건강해진 액티브 시니어들이 등장하고 있다. 그리고 핵가족화로 인해 손주들의 보육에 조부모의 비율이 점차 높아지고 있는 것이 자명한 시대적 변화다.

그러나 이제까지 전통적인 시니어들은 은퇴 후에 새로운 일을 하기보다는 취미 활동과 여행을 하면서 여유를 즐기는 것이 행복이라고 생각했다. 더구나 손주들의 육아에 발목 잡히는 것은 불행한 노년이 되는 지름길이라며 황혼 육아를 부정적인 측면에서 바라보았다.

그렇지만 최근에 와서는 '내 자녀를 위한 손주의 보육과 교육이 인생의 의미도 찾는, 행복한 노후를 위한 선택'이라는 생각을 하는 조부모들이 늘어나고 있다. 이러한 변화는 한국국학진흥원에서 진행하는 '아름다운 이야기할머니' 사업에 대한 관심에서 엿볼 수 있다. 해당 사업은 유아교육 기관에 할머니가 직접 방문해 삶의 지혜가 담긴 옛이야기를 들려주는 것인데, 지원자 사이에서 경쟁률이 높다.

이 사업에 액티브 시니어들이 관심을 가지는 이유는 내 손주에게 이야기도 들려줄 수 있어 손주 교육에도 도움이 되고, 부담스럽지 않은 일정으로 사회에 기여할 수 있기 때문이다. 또한 이러한 활동이 자신의 손주와 좋은 관계를 가지는 데도 보탬이 된다고 보기 때문이다.

2018년 1월 24일에 보도된 〈조선일보〉 기사 "육아에 손주 교육까지… '학조부모'가 간다"에 의하면, 조부모는 손주를 학원에 데려다주고, 숙제를 챙기고, 책을 함께 읽는다. 국어·수학·영어 등 공부도 직접 가르치거나 입시 설명회에 참석하는 등 학부모를 대신해 아이들의 교육에 적극적으로 참여한다. 이로써 학교나 학원가에 일부 할머니들의 치맛바람도 불고 있다고 한다. 과거엔 조부모가 손주를 돌봐도 학교 일은 부모가 챙겼다면 요즘은 학부모 모임과 학원 일정 관리, 숙제까지도 할머니의 손길이 닿고 있다는 것이다.

격대교육의 지혜가 필요하다

최근의 사회적 분위기를 반영하듯 할아버지·할머니가 자녀를 키워본 경험과 지혜를 바탕으로 한 세대를 건너서 손주를 교육하는, 우리나라 전통적 교육 방식인 '격대교육'이 새롭게 조명받고 있다. 격대교육 현상은 생활이 바빠 시간 여유가 없는 부모를 대신해 조부모를 양육자로 상정함으로써 새로운 양육의 패러다임을 제시해준다는 면에서 매우 공감이 가고 또 자연스러운 현상이라고 생각한다.

젊은 부모는 사회생활을 하느라 시간적인 여유도 없고, 교육하는 과정에서 자녀에 대한 기대치가 지나치게 높아 자칫 아이를 일방적으로 내몰 공산이 크며, 젊은 혈기로 인해 아이가 기대에 미치지 못할 경우 감정적으로 대할 확률도 높다. 다른 아이와 비교하면서 내 아이가 뒤처질까 봐 조급해하고 불안해하는 심리도 조부모보다 훨씬 강하다. 이런 면들은 아이를 교육하는 동안 갈등을 초래하기 쉽다.

이에 비해 조부모는 훨씬 감정적으로나 심리적으로 여유로울 수 있다. 이미 아이를 키워본 경험이 있고, 다양한 인생 경험을 통해 멀리 내다볼 줄 아는 여유가 아이들 양육에 강점을 발휘하기 때문이다. 조부모는 부모에 비해 감정을 잘 조절할 수 있고 무조건적인 내리사랑으로 아이를 온화하게 교육시킬 수 있는 확률이 훨씬 높다. 《SBS스페셜 격대 육아법의 비밀》에는 격대교육 효과에 대해 다음과 같이 말하고 있다.

> 미국 펜 주립대의 교육이론과 정책 프로그램 연구팀은 대만 중학생들의 인지 능력 테스트 결과를 분석해 조부모와 손자녀의 상관관계를 광범위하게 조사한 결과 지리적으로 가까울수록 또 자주 접촉할수록 아이의 성적과 성인이 된 후의 성취도가 높다는 사실을 나타냈다. 핵가족화에 따른 아이들의 사회적·정서적 문제를 조부모의 멘토링으로 해소하려는 신가족주의 운동이 서구에서 일어나고 있다.
>
> – SBS스페셜 격대교육 제작팀, 《SBS스페셜 격대 육아법의 비밀》, 경향미디어, 2013, 29쪽

이 책에 소개된 우리나라 사례도 같은 맥락이다. 아이들과 공감하고, 교감하며, 좋은 영향을 끼치는 조부모의 말과 행동에는 부모와 미묘하게 다른 점이 나타났다. 아이들에게 성취감을 느끼게 하면서도 자존감을 높여주는 할머니의 일관적인 행동은 아주 어린 시절부터 사소한 일상에서 가족 행사에까지 이어진다는 것이다.

물론 여기서 격대교육은 조부모가 특정 교과목을 가르친다거나

조부모가 교육자로서 지식을 갖추어야 한다는 뜻은 아니다. 아이와 함께하는 시간을 통해 아이의 입장을 헤아리고, 아이의 감정을 공감해주는 과정을 통해 아이들의 성장이 이루어진다는 것을 말한다. 결과보다는 과정에 포커스를 맞추어 아이의 수고를 알아주고 가능성을 믿고 기다려주면 살아가면서 부딪히는 각종 어려움을 극복하고, 새로운 일에 도전할 수 있는 자신감과 용기를 가지게 된다는 것이다.

결손 가정의 아이들일수록 학교와 사회에 적응하기 힘들고 부모의 정신 건강 결함이 아이들에게 나쁜 영향을 끼친다는 것은 우리가 널리 알고 있다. 그러나 반드시 그런 것은 아니다. '회복 탄력성'이라는 개념을 확립한 에미 워너(Emmy Werner) 교수에 의해 이에 대해 밝혀졌다.

1955년 카우아이섬에서 태어난 모든 신생아 833명을 대상으로 어른이 될 때까지 추적 조사한 연구 프로젝트에서 워너 교수는 성장 환경이 가장 열악했던 고위험군 72명이 유복한 가정에서 태어나기라도 한 것처럼 훌륭한 청년으로 성장한 것에서 이들은 역경을 이겨낼 수 있는 어떤 공통된 속성을 지니고 있음을 발견했다. 그는 이것을 '회복 탄력성'이라 명명했다.

이 회복 탄력성의 핵심적인 요인은 인간관계였다. 어려운 환경에서 꿋꿋하게 성장해나가는 힘을 발휘한 아이들의 공통점은 '아이의 인생에서 그 아이의 입장을 무조건 이해해주고 받아주는 어른이 적어도 한 명은 있었다'라는 사실이었다. 내 사랑하는 자녀·손주들이 세상을 살아가면서 부딪히는 어려움을 우리가 미리 알 수도, 제거할 수도 없지만, 이 어려움을 극복할 힘을 줄 수는 있다는 것을 우리는 해당 연구에서 알 수 있다.

아이를 무조건적인 사랑으로 믿어주는 것이 쉬운 일은 아니다. 그러나 기꺼이 기댈 언덕이 되어주는 일에 나서야 하지 않을까? 눈에 넣어도 아프지 않을 내 자녀, 내 손주의 행복한 삶을 위해서 말이다.

매일, 조금씩, 천천히

그랜드마더 케어, '매일 조금씩 천천히'

가장 어려운 일은 지속적으로 하는 것

자신이 원하는 바를 이루기 위해 노력할 때 여러 가지 어려움들을 부딪히게 된다. 그중에서 가장 어려운 일이 무엇일까? 바로 '지속적으로 하는 것'이다. 세상에는 쉽게 이루어지는 일은 없다. 성공한 사람들 대부분은 길고 긴 무명의 시간 동안 포기하지 않고 지속적으로 그 일을 해낸 사람들이다.

인생은 흔히 마라톤이라고 한다. 마라톤 완주를 목표로 하는 사람에게 필요한 것은 무엇일까? 질 좋은 옷과 운동화, 마라톤에 대한 정보, 기초 체력, 물 등 여러 가지가 있을 것이다. 그러나 이 모든 것이 완주를 도울 수는 있겠지만 가장 필요한 것은 힘든 것을 포기하지 않고 끝까지 해내는 것이다. 마라톤을 초기, 중기, 말기 세 단계로 나눈다면 포기하는 사람들은 대부분 초기에 나타나고 중기 이상을 달린 사람들 대부분은 완주한다고 한다. 그만큼 초기의 힘 조절이 중요하다는 이야기다.

매일 조금씩 천천히 하자

처음부터 욕심을 내고 속도를 내면 빨리 지치는 법이고, 힘이 들면 자신감이 없어져서 포기하기가 쉽다. 어려움을 극복할 힘이 없기 때문에 온갖 이유를 붙여 자신을 합리화해서 포기하는 것이다. 부모는 누구나 자식을 잘 키우고 싶어 한다. 그래서 욕심을 부리고 조급하기 쉽다. '한꺼번에, 많이, 빨리' 성과를 내는 방법을 찾는 것이다. 그래서 유명 학원과 일타 강사에 열광하게 된다. 하지만 이런 방법으로 성공하는 아이는 소수이며, 많은 아이들은 초기에 지치게 된다. 그리고 잘하던 아이도 어느 순간 학습 무기력증에 빠져서 공부를 놓게 되는 경우도 생기게 된다.

인생을 잘 살게 하고 싶어 시도한 방법이 그 아이에게 실패와 포기를 유도하게 하지는 않았는지 한번 생각해볼 일이다. 아이가 처음 맞이한 인생의 과제인 공부를 잘 해내어 성취감을 느끼게 하는 것이 중요하지 않을까?

그래서 처음에는 다소 느릴지라도 조금씩 부담스럽지 않게 하다 보면 해낼 만하다는 자신감과 성취감이 느껴지게 된다. 그래서 좀 더 힘든 과제에 도전할 수 있는 용기가 생기고 마지막 레이스에서 전속력으로 질주하게 되는 것이다. 아무리 어려운 일이라도 조금씩 한 계단씩 오르다 보면 언젠가는 꼭 정상에 서 있게 될 것이다. 따라서 인내하고 포기하지 않는 것이 답이다.

인생의 평생 과제인 공부를 시작하는 손녀딸에게 내가 삶의 좌우명으로 삼고 있는 인생의 가치를 공부를 통해 가르치고 싶었다. 초등학생 아이들에게 가장 중요하면서도 힘든 것이 공부다. 공부를 잘하고 싶어 하지 않는 아이는 없을 것이며, 대부분의 아이들은 공부를 열심히 해야 한다는 것을 안다. 하지만 아는 것을 해내는 아이는 많지 않다. 그 과정이 힘들기 때문이다.

아이들이 힘든 과정을 넘기지 못하는 이유는 간단하다. 힘이 드는 것을 극복하려는 내면의 힘이 부족하기 때문이다. 그래서 매일, 조금씩, 천천히 시작해 아이가 부담 없이 해내는 과정을 통해 성취감을 느끼게 해주는 것이 중요하다. 그게 '매조천(매일, 조금씩, 천천히) 실천'의 기본 전략이다. 매일의 주어진 과제를 해내는 것을 통해 자신이 모르는 사이에 힘이 생기고 그 힘은 지속을 가능케 하는 원동력이 된다. 일정한 시간이 지나면 아이는 자신의 성장을 느끼게 되고 그때부터는 자신감도 생기고 잘해보겠다는 욕심이 생기면서 자연스럽게 공부 의욕이 생기는 것이다.

두 손녀딸들과의 공부를 시작해서, 처음에는 주 4회 한 과목 30분으로 진행했다. 아이의 속도에 맞추어 점차 과목과 시간을 늘려 이제는 주 4회 두 시간 정도가 되었다. 중학생 가원이(큰 손녀딸)는 '공부하라는 잔소리가 필요 없는, 스스로 계획하고 실천하는 주도적인 학습을 하는 아이'로 자랐다. 공부를 싫어하고 힘들어했던 지원이(둘째 손녀딸)도 공부에 대한 의욕이 생기면서 혼자 해보겠다고 하거나 다른 방법으로 풀어보겠다고 하는 등 자기 주도적인 모습을 보여주고 있다. 이것이 매조천의 힘이다.

이렇게 초등학교에서 주어진 과제를 스스로 실천하는 힘을 기른 아이는 중학생이 된 이후에도 공부의 계획을 세우고 실천하는, 자기주도학습의 역량을 가진 아이로 성장할 것이다. 그게 나와 손녀딸들의 초등학교 공부 목표다.

믿고 기다림은 '매조천'의 필수 지혜

나는 공부를 시작할 때 아이들에게 '매조천(매일, 조금씩, 천천히)의 힘'에 대해 설명하면서 대나무 이야기를 했다.

"이 대나무는 씨앗을 심으면 죽순이 하나만 올라오고 변화가 없는데 4년 동안은 모든 성장이 땅속에서 이루어져서 뿌리가 땅속으로 넓게 퍼져나가다가 5년째 대나무는 25m 높이로 자란단다. 너희의 성장도 마찬가지야. 할머니랑 매조천을 실천해나가더라도 처음에는 큰 성과가 보이지 않을 거야. 그러나 일정한 시간이 지나면 그 대나무처럼 큰 성과가 나타날 거야. 당장 결과가 안 나타난다고 실망하지 말고 매조천의 힘을 믿고 해보자. 강물이 바위를 부술 수 있는 이유는 강한 힘 때문이 아니라 꾸준히 흐르기 때문이란다."

이렇게 설명하고 시작한 후 1년 동안은 성과에 연연하지 않아 편안하게 지냈다. 그러나 1년 반이 지나서 두 아이의 성과가 다르게 나타나고, 기대하던 성과가 눈에 보이지 않자 아이 탓을 하게 되었다. 나도 예민해지고 조금씩 조급해지기 시작하던 시기에 내가 키우던 '해피트리 나무'로부터 '기다림의 지혜'를 얻게 되었다.

7년째 키우는 해피트리 나무가 4년 전부터 꽃을 피우기 시작했다. 관엽식물로 워낙 꽃을 보기 어려운 나무라 그 후 매년 꽃을 볼 때면 나는 인생에 좋은 일이 생길 것 같은 징조로 여기며 행복해했다. 그러다 지난봄에 실내에 있던 화분을 베란다에 내놓았는데 얼마 지나지 않아 나무는 시름시름 몸살을 앓기 시작했다. 진딧물이 생기고 잎은 하나둘씩 떨어졌다. 특별히 애정이 가는 나무였기에 나는 영양제도 뿌려주고, 병든 잎도 닦아주며 정성을 다했다. 다른 나무들은 새잎이 나기 시작하고 생기를 찾았으나, 이 나무의 마른 가지에서는 새싹이 나지 않았다. 잎이 거의 다 떨어지고 몇 개 남지 않은 시점에서 나는 나무가 죽은 것으로 판단했고 새로운 식물로 분갈이를 해야겠다고 생각했다.

그런데 어느 날 마른 가지 끝에서 군데군데 새잎이 아주 조금씩 나오기 시작했다. 그러더니 점차 여러 가지에서 작은 잎이 나오고, 꽃망울도 맺혀 있었다. 나는 너무 기뻤다. "나무야, 고마워! 수고했어"라는 말이 절로 나왔다. 3일이 지나자 꽃망울과 잎이 여러 가지에서 나고 있었다. 첫해에는 네 송이 정도 피었고, 점차 꽃송이가 많아져서 그다음 해엔 열 송이 정도 피었다. 그 후 잎도 거의 없는 상태에서 꽃송이를 세어보니 스물여덟 송이나 되었다. 너무 놀랍고 신기했다. 분명 좋은 일이 생길 것이고 일도 잘 풀릴 것 같은 생각에 행복했다.

이 나무의 모습을 보면서 처음 어느 시기까지는 성장이 되고 있어도 눈에 보이지 않는다는 것을 실감하게 되었다. 그리고 변화 없는 지루한 시간에도 포기하지 않고 최선을 다해 노력하는 자세가 필요하다는 것과 그것이 숙성될 때까지 믿고 기다리는 지혜가 필요하다는 것을 알게 되었다. 지속적인 노력이 이루어지면 때가 되면 놀랄 만한 성장이 이루어진다는 것을 다시 한 번 깨닫게 되었다. 그러자 나는 마음이 편해지면서 공부의 성과에 대해서 믿고 기다릴 수 있게 되었다.

격려와 지지, 체크리스트는 아이 성장의 영양분

무엇인가를 해내고 있는 사람들에게는 진심 어린 격려와 지지가 큰 힘이 된다는 것을 알기에 매조천을 실천하는 아이에게 나는 직접적인 말이나 카카오톡 메시지로 전하는 칭찬을 아끼지 않았다. 칭찬할 때는 반드시 과정에 대한 칭찬을 하는 데 주력했다. "다짐했던 것을 계속하는 것이 쉽지 않은데 이것을 지속적으로 해내는 것만으로도 이미 넌 훌륭해. 잘하고 있어."

그리고 체크리스트에 '매조천을 실천하는 사람'이라는 것을 적게 해 잊지 않고 마음에 새기도록 했다. 매일 해야 할 과제를 적고 체크해 자신의 실천을 눈으로 볼 수 있게 해서 실천의 의지에 도움을 주도록 했다. 이러한 것들은 아이들과 좋은 관계를 이루면서 아이들과의 공부를 지속할 수 있는 힘이 되어주었다.

아이들은 24시간 자란다. 이 성장의 길에서 매일, 조금씩, 천천히 하는 매조천의 힘은, 아이들이 공부뿐 아니라 인생을 살아가는 데 중심이 되는 에너지로 작용할 것이다.

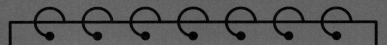

2장

할머니표
집공부의 시작

매일, 조금씩, 천천히

학습력의 기반이 되는 실천력

성과는 지속적으로 해내는 실천에 달려 있다

"구슬이 서 말이라도 꿰어야 보배", "부뚜막의 소금도 집어넣어야 짜다" 등의 속담이 있다. 바로 실천력을 강조하는 속담이다. 아무리 좋은 방법을 알고 좋은 환경에 있어도 내가 그것을 실천하지 않으면 원하는 것을 얻기 어렵다. 시중에 나와 있는 베스트셀러 책들은 부자가 되는 법, 건강해지는 법, 공부 잘하는 법, 부동산이나 주식 투자에 성공하는 법 등 여러 분야에서 전문가들의 주옥같은 경험과 비법을 전하고 있지만 그 책을 읽은 수많은 사람들 중 실제로 성공하는 사람들은 드물다. 가장 큰 이유가 바로 그 방법대로 실천하기가 쉽지 않기 때문이다.

코로나19 시대에 무엇보다 건강이 중요하다고 생각해 운동하겠다고 마음먹어도 실행에 옮기는 데는 많은 시간이 걸린다. 막상 시작했다 하더라도 며칠이 지나면 '어제 야근을 해서 피곤하니까 오늘은 운동하는 것보다 쉬는 게 우선이야', '오늘은 오랜만에 친한 친구를 만나야 하니까. 하루쯤 쉰다고 뭐 큰일나겠어? 내일 하면 되지', '오늘은 휴일이니 시간이 많잖아? 푹 자고 컨디션 회복되면 천천히 하지 뭐' 하며 각종 핑계를 대고 자기합리화로 운동을 안 하게 된다. 이런 상황이 몇 번 반복되면 의욕도 떨어지고 '아직은 운동할 때가 아니야. 지금 아픈 것도 아니고 당장 급한 것도 아닌데 여유 생기면 나중에 하지 뭐'라고 생각하고 포기하게 된다. 그래서 '작심삼일'이라는 말이 있는 것이다. 이처럼 내가 원하는 목표를 세웠더라도, 그것을 이루는 방법을 안다고 할지라도 계속 실천하기가 어려운 것이다.

아이들 공부도 마찬가지다. 공부 노하우가 적힌 책을 읽고, 강의를 듣는다고 해서 공부를 잘하게 되는 것은 아니다. 좋은 부모가 되고 싶어 각종 육아 책을 섭렵하고, 부모 교육 강의를 열심히 들어도 그때뿐 여전히 좋은 부모가 되기는 어려운 법이다. 그 이유는 지속적인 실천이 어렵기 때문이다.

유럽의 투자 코치라고 불리는 경영 컨설턴트, 보도 섀퍼(Bodo Schafer)의 저서 《멘탈의 연금술》을 보면 미국에서 실제 있었던 할머니의 이야기가 나온다.

한 70대 할머니가 뉴욕에서 마이애미까지 약 2,000킬로미터를 걷는 데 성공했다. 기자들이 몰려와 할머니에게 물었다.

"어떻게 이런 굉장한 일을 해낼 수 있으셨나요?"

할머니가 답했다.

"나는 항상 한 걸음씩 걸었다오. 별로 어렵지 않았지. 한 걸음 걸은 다음 다시 한 걸음 걸었고, 다시 한 걸음 걸었을 뿐이라오. 그런데 왜들 이렇게 호들갑이지?"

- 보도 섀퍼, 《멘탈의 연금술》, 박성원 역, 토네이도, 2020, 135쪽

"계속 행동하는 사람은 언젠가 자신에게 성공이 찾아오는 것을 막을 수 없다"라고 한 발명왕 토머스 에디슨(Thomas Edison)의 말처럼 놀라운 성과는 끝까지 포기하지 않고 지속적으로 해내는 실천에 달려 있다.

습관의 힘을 신뢰하다

중도 포기하지 않고 지속하게 만드는 힘은 무엇일까? 그것은 바로 습관으로 만드는 것이다. 아이를 길러본 사람들은 안다. 유치를 보호하기 위해 어린 아기에게 처음 양치질을 시키면 대부분 아이들은 그 시간을 너무 싫어한다. 울더라도 치아를 튼튼하게 하는 것이 더 중요하다고 생각하는 엄마는 안 하겠다고 발버둥치는 아이와 매일 밤 전쟁을 하게 마련이다. 그런데 일정 시간이 지나면 그것을 아이도 당연한 것으로 받아들이게 되고 자동적인 습관으로 자리 잡게 된다. 운동을 할 때도 마찬가지다. 처음이 어렵지 일정 기간 하다 보면 제시간에 자동적으로 하게 되고, 습관이 되면

안 하는 것이 더 어렵다고 한다.

이처럼 새로운 일을 시작하는 데 많은 노력이 들어가지만 일단 습관으로 자리 잡으면 최소한의 노력으로 똑같은 일을 할 수 있다. 유니버시티 칼리지 런던(University College London)에서 심리학자 필리파 랠리(Phillippa Lally)와 그의 팀이 한 연구에 의하면 습관으로 만드는 법칙은 66일 법칙이다. 어떤 일을 66일 동안 계속해낼 수 있다면 그 이후는 습관이 되어 힘들이지 않고도 그 일을 지속할 수 있다는 것이다. 66일 법칙은 다양한 분야에 적용함으로써 성공을 이끌어내고 있고 습관을 만드는 효과적인 법칙으로 자리 잡고 있다.

나는 공부가 짜증스럽고, 힘들다고 말하는 둘째 손녀딸의 공부에 대한 부정적인 생각을 긍정적으로 바꾸어주기 위해 '66일 법칙'을 적용해보기로 했다. 아이에게 뇌의 속성을 이야기해주고, 어떤 일을 66일 동안 지속하면 효과가 있으니 공부에 대한 생각을 바꿔보자고 했다. '공부가 좋다. 공부가 재미있다'라는 것을 적어서 책상 위에 붙여놓고 매일 공부를 시작할 때나 수시로 그것을 소리 내어 말해보자고 했다. 그러면 뇌에 변화가 생겨서 공부가 짜증나고 힘들다는 생각에 변화가 있을 것이라고 이야기했다. 그리고 매일 실행한 일수를 달력에 적어서 66일 법칙을 실천해나갔다.

아이의 절실함과 믿음에 따라 결과에 영향을 미치겠지만 나는 66일 법칙을 신뢰하고 그 방식을 이어갔다. 손녀딸에게 요즘 공부에 대한 생각은 어떠냐고 물어보았더니 "요즘은 옛날처럼 짜증나거나 힘이 많이 들지는 않아요. 그리고 가끔 재미있기도 하고요.

옛날처럼 공부가 어렵지는 않아요. 공부하기가 좀 쉬워졌어요"라고 한다.

물론 이러한 변화가 한 가지 요인으로 형성된 것은 아니고 다른 요인도 작용했겠지만 공부가 힘들고, 짜증난다는 이야기를 하는 횟수가 눈에 띄게 줄어들었다. 따라서 공부에 대한 생각을 긍정적으로 바꾸는 데 66일 법칙이 효과가 있었다고 생각한다.

쉬운 것, 작은 것, 사소한 것부터 시작하라

본인이 원하는 습관을 만들기 위해서는 어떻게 시작하는 것이 좋을까? 확고한 의지도 있고 자기 조절력이 있어 어려움을 잘 극복하는 사람의 경우는 잘 해내겠지만 일반적으로 보통의 사람들은 그렇지 못하다.

전문가들이 하는 이야기를 들어보면, 운동하기 싫어하는 사람이나 처음 운동을 하는 사람에게는 우선 운동복을 입고 밖으로 나가는 것부터 시작하라고 한다. 또 공부하기를 싫어하고 열심히 해본 적도 없는 아이는 우선 책상에 앉아 있는 것부터다. '그 정도는 할 수 있지'라고 생각되는, 실천이 가능한 작은 일부터 시작하라고 하는 것이다. 쉽고 사소한 것들은 힘이 덜 들기 때문에 해낼 수 있고, 하나를 해내야 다음의 또 하나를 할 수 있는 힘이 생기기 때문이다. 성취의 기쁨이 다음 성취로 이어지고, 자신감이 생기면 더 어려운 과제에도 도전할 수 있는 힘이 생긴다.

내 삶에 있어서도 매일 조금씩 천천히 실천하면서 내가 원하는 결과를 이루어왔고, 그것의 힘을 알았기에 나는 손녀딸들의 공부에도 이를 기본 원칙으로 적용했다. 아이들과 처음 공부를 시작할 때 "할머니를 믿니?"라고 물었다. 아이들이 믿는다고 대답했다. "그러면 할머니랑 공부할 수 있겠어? 하루 30분 정도야. 그 대신 너희들이 지겨워하는 학습지는 끊어줄게"라고 했다. 아이들에게는 공부 시간도 줄고, 그 지겨운 학습지를 안 해도 되는 아주 신나는 제안이었기에 즐거운 마음으로 공부를 시작했다.

처음에는 하루 30분 동화책을 가지고 속해 독서를 하게 했고 감사일기를 쓰게 했다. 그러고 나서 공부가 끝난 다음 셋이서 모여 그날 배운 것, 감사일기 내용을 발표하는 시간을 가졌다. 공부 횟수는 주말과 수요일을 제외한 월·화·목·금 주 4회였다. 공부 스트레스에서 벗어나 충분한 자유 시간을 갖는 것이 아이들의 바른 성장에 좋다고 생각했기 때문이었다.

그 후 아이들의 수준과 과정을 살피면서 아이들과 상의해 조금씩 과목과 시간을 늘려갔다. 올해 중학생이 된 첫째 손녀딸은 나와의 공부를 졸업하고 학원을 다니면서 집에서의 공부는 주도적으로 잘하고 있다. 둘째 손녀딸은 국·영·수 세 과목과 감사일기를 하루 두 시간 정도 하고 있다. 물론 이 정도 공부 시간은 최상위권으로 진입하기에는 절대적으로 부족한 시간이다. 그러나 더이상 나는 욕심을 내지 않는다.

나는 초등학생이 공부하는 목적은 바른 인성을 갖춘 아이로 자라는 것, '매조천'의 실천으로 공부 근력을 키워서 자기주도학습의 기반을 갖추는 것이라고 생각한다. 자기주도학습의 기반이 잡힌 아이는 중학생이 된 후 자발적인 목표와 성취 동기가 생기게 되면 무엇이든지 해낼 수 있다고 믿기 때문이다. 마치 마라톤에서 자기 페이스를 유지하다가 마지막에 전력 질주를 해 좋은 성적으로 완주를 하는 것처럼 말이다.

매일, 조금씩, 천천히

편안한 공부가 최고의 공부다

초등학교 입학, 공부 전쟁이 시작되는 순간

아이가 초등학교에 입학하면 학습에 대해 갑자기 적극적인 태도를 보이는 부모들이 많다. 내 아이를 공부 잘하는 아이로 키우기 위해 이런저런 다짐과 준비를 하며, 나름대로 공부에 대한 목표를 세우는 것이다.

그래서 초등학교에 들어가면 그때부터 더 적극적으로 아이의 학습을 챙기고, 기초부터 잘 잡아야 한다고 생각한다. 아이들은 또 아이들대로 그런 부모의 태도에 어리둥절하면서도 '그래야 하나 보다. 나도 이제 학교 다니는 당당한 학생이지' 하는 마음을 가진다. 부모도 아이도 잘해보겠다는 의욕을 가지고 시작한다.

그러나 결과가 원하는 대로 이루어지는 경우도 있지만, 그렇지 못한 경우도 생긴다. 내 아이가 상위 10%에는 들어가야 한다고 생각하지만 대부분의 아이들은 90%에 속하게 된다. 아이를 키우는 것이 처음인 부모들은 그 긴 과정을 멀리 볼 수가 없고, 결과가 먼저 눈에 들어오게 된다.

열 문제 중 일곱 문제를 맞혔다고 하면 일곱 문제를 맞힌 것에 대한 긍정적인 생각보다 틀린 3개에 초점이 맞추어지고 그때부터 부모는 불안해지기 시작한다. '이렇게 두면 우리 아이가 계속 뒤처지는 것은 아닐까?', '이대로 그냥 두어도 되나?', '주변 아이들이 하는 것을 우리 아이도 따라 해야 하는 게 아닐까?' 부모의 불안은 아이의 실력을 높여주고자 다양한 방법을 시도하게 만들고, 아이의 의사에는 아랑곳하지 않고 부모 자신이 원하는 방향과 속도대로 아이를 이끌게 된다. 공부 전쟁이 시작되는 순간이다.

아이를 목적지로 끌고 가는 두 가지 방법

유아기의 아이와 함께 걸었을 때를 생각해보자. 부모가 편하고 여유가 있을 때 아이와 함께 걷는다면 우리는 다소 답답해도 아이의 속도에 맞추어 걸을 뿐 아이를 재촉하지 않는다. 아이가 힘들어하면 중간중간 쉬기도 한다. 충전하고 다시 걷기 시작할 때는 "힘들 텐데 우리 아기 대단하다"라고 감탄하고 칭찬한다. 그러면 아이는 더욱 신나서 걷게 된다. 이렇게 엄마와 함께 걸어본 아이는 다음번에도 엄마가 함께 걷자고 하면 좋아하면서 기꺼이 함께하게 되는 것이다. 그러면서 아이는 걷는 힘을 기르고 날이 갈수록 걷는 것이 힘들지 않게 된다. 그래서 조금 지나면 그 길을 뛰어서 갈 수 있게 되는 것이다.

반면에 부모에게 여유가 없을 때는 상황이 달라진다. 가야 할 곳이 정해져 있고, 시간에 맞추어 가야 하는 경우라면 엄마는 마음이 바빠 아이의 손을 잡고 빠른 걸음으로 재촉하게 된다. 엄마의 속도를 따라가기 힘에 부친 아이는 엄마에게 짜증을 낸다. 그 짜증을 받아줄 수 없는 엄마는 왜 빨리 따라오지 못하냐고, 너 때문에 늦겠다고 하면서 더욱 아이를 끌어당기고 채근한다. 급기야 아이는 넘어지고, 울면서 업어달라고, 안 가겠다고 투정을 부린다.

이쯤 되면 목적지까지 제시간에 도착하기 위해서는 엄마에게 두 가지 방법이 남는다. 첫 번째는 아이에게 업어줄 수는 없으니 따라오든지 말든지 네 마음대로 하라고 하면서 뒤도 안 돌아보고 먼저 가는 방법이다. 이 방법은 아이가 제힘으로 걸어가길 바라는 엄마가 주로 쓴다. 물론 아이가 울면서도 따라오리라는 믿음이 있기에 아이를 그냥 두고 간다. 이때 아이는 처음에는 엄마가 곧 되돌아올 것이라고 생각해 그 자리에서 꼼짝도 안 하다가, 엄마가 점점 멀어지면 불안해지고 공포를 느끼면서 결국 울며불며 엄마를 따라가게 된다.

두 번째는 화를 내면서도 아이를 결국 업고 가는 방법이다. 이때 아이는 편하지만 엄마는 힘이 든다. 그런데 이 경우에는 설령 목적한 곳에 도달했다 하더라도 아이가 도달한 것이라 할 수 없다. 아이가 해야 할 일을 엄마가 대신 해주었기 때문이다.

살아가면서 도달해야 할 목표는 한두 가지가 아니다. 아이가 힘들어하거나, 하기 싫다고 할 때 업어줄 수 있는 시기도 한계가 있는 것이다. 따라서 아이 스스로 할 수 있다고 생각하고 즐겁게 하면서 목적지에 도달하게 하는 것이 중요하다. 그게 공부가 편안해야 하는 중요한 이유다. 공부는 우리가 지속적으로 해야 할 평생의 일이다. 시작을 편하고 즐겁게 할 수 있어야 지속적으로 하게 되고 그래야 완주를 하는 기쁨을 맛보고 성공을 얻게 되는 것이다. 마치 마라톤처럼 말이다.

아이의 속도에 맞추자

공부를 지속적으로 즐겁고 편안하게 하기는 쉽지 않다. 교육을 평생 업으로 삼아왔던 나도 아이가 내 기대에 부응하지 않자 아이와의 공부가 편해지지 않았고, 급기야 포기하고 싶은 위기의 순간이 있었다. 물론 그것을 잘 극복해 다시 아이와 편안하게 공부할 수 있게 되었지만 말이다.

처음 의욕적으로 시작한 공부가 힘들고 짜증나고 하기 싫은 것으로 자리 잡는 데는 아이의 속도에 맞지 않는 공부 방법과 그로 인한 부모나 주변 사람들의 피드백이 가장 큰 원인이다. 아이의 속도에 맞추지 못하면 아이는 공부를 '힘들고 지겨운 것, 짜증나고 재미없는 것'으로 인식하게 된다. 과정보다 결과에 초점이 맞추어진 부정적인 피드백은 '나는 할 수 없어. 해도 안 돼. 나는 공부 못하는 아이야'라는 공부에 대한 부정적 정서와 낮은 자존감을 형성하게 만든다.

아이를 훌륭하게 키워서 행복하게 살아가도록 해주려는 목표 안에서 공부를 잘하게 도와주려고 한 방법이 오히려 행복한 인생을 살아가도록 하는 데 걸림돌이 되는 것이다. 이는 심리적 상처를 만들기도 한다.

벼룩은 보통 120센티미터를 뛰어오를 수 있다고 한다. 벼룩을 30센티미터 높이의 상자 속에 넣고 뚜껑을 덮어놓으면 처음에는 높이 뛰어오르며 천장에 부딪히지만 일정한 시간이 지나면 뚜껑을 치우더라도 더이상 30센티미터 이상을 뛰어오르지 않는다. 이것을 '각인 효과'라고 하는데 이러한 현상이 공부하는 과정을 통해 일어날 수 있다. 학습에서 일정 기간 힘든 실패를 경험한 아이는 자신의 능력의 한계를 인정하고 그것에서 벗어나지 못하게 되는 것이다.

학습을 포기하게 되면 자존감을 낮추어 살아가면서 여러 가지 문제에 부딪혔을 때 도전하고 해결하는 방법보다 회피하고 포기하는 방법을 택하게 된다. 인생 초반기에 포기를 배우게 되는 것이다. 공부가 편하지 않으면 놓아버리게 된다. 이것이 천천히 가더라도 공부를 편하게 해야 하는 이유다.

하루에 한 문제를 풀어도 문제없다

내 지인의 경우 아이가 초등학교 저학년 때 자신이 내준 과제를 제대로 한 적이 없었다고 했다. 노느라고 바쁘고 공부에는 관심이 없었단다. 혼내기도 하고, 달래기도 했다. '너무 적은 것은 아닐까?'라는 생각이 들었지만 하루에 한 쪽만 풀라고 해도 그때뿐 해내지를 못하거나 하더라도 대충 해서 오답이 대부분이었다고 했다.

어느 날 '이게 마지막이다'라는 심정으로 "그럼 네가 꼭 할 수 있는 분량을 정해서 그것만큼은 확실하게 하기로 약속하자"라고 했더니 아이는 하루에 한 문제는 풀 수 있겠다고 했다. 지인은 하루에 한 문제가 너무 기가 막히고 말이 안 된다고 생각했지만, 아이와 싸우기도 지쳤고, 정말 다 내려놓은 상태였기에 그렇게 하라고 했다. 그랬더니 아이는 정말로 매일 한 문제는 확실하게 풀었다고 했다. 놀라운 일은 그다음 일어났다. 그렇게 되니 아이와의 관계도 좋아지고 아이와 다시 편안하게 공부할 수 있게 되었다는 것이다. 자신이 정한 목표를 달성한 아이는 그 성취감으로 점차 문제 수를 늘려갔고, 얼마 되지 않아 엄마가 정했던 학습량을 소화해내고, 공부에 자신감을 찾았다고 했다.

이렇게 자란 아이는 자신이 목표로 하는 대학에 들어갔고, 지금은 졸업해 자신이 원하는 직장에 다니면서 즐겁게 생활하고 있다고 했다. 내가 "손녀딸이 공부에 대해 힘들다고 하고, 가끔은 짜증을 내요"라고 하소연했더니 내 지인은 이렇게 말했다. "하루에 한 문제를 풀어도 괜찮아요. 아이를 믿고 불안해하지 마세요." 빨리하는 것도 좋겠지만 그것보다 중요한 것은 '하나라도 아이의 속도에 맞추어 자기 힘으로 해내도록 하는 것'이다. 하나의 작은 성취가 다음의 성취를 이끌어 거기에서 기쁨을 찾은 아이는 더 높은 단계의 도전을 할 수 있는 힘을 기르게 되는 것이다. 편한 공부가 성취로 연결되어 자존감이 높아지는 것이 인생에서 부딪히는 어려움을 극복해 주도적인 인생을 살게 해주는 시작점이 되는 것이다.

매일, 조금씩, 천천히

'틀려도 괜찮다'라는 마음 갖기

아는 것도 자꾸 틀리는 이유

둘째 손녀딸이 초등학교 2학년 2학기가 되었을 때부터 공부를 봐주기 시작했다. 둘째는 기질적으로 학습 의욕이 낮고 실력이 부족해서 '매조천을 실천해 기초부터 조금씩 잡아가고 욕심 내지 말자' 하고 마음을 비웠다. 모르고 부족한 것이 당연하다고 생각하니 조급해지지 않아서 아이와 즐겁게 공부할 수 있었다. 할머니와 좋은 관계로 공부를 지속하는 아이에게 늘 감사한 마음이었다. 1년 만에 눈에 보이는 성과를 내고 있는 큰 손녀딸에게는 점차 지도를 줄여가고 자기주도학습을 정착해갈 수 있도록 했다. 스스로 성장하는 큰 손녀딸을 보면서 나의 지도법에 대한 자부심도 생겼다.

그런데 둘째가 4학년이 되자 '초등학교 공부는 4학년부터 중요하다'라는 생각이 더해져서 아이의 성과에 대해 관심이 생겼고 기대 수준도 높아졌다. 특히 수학은 문제집을 주 4회 두세 쪽씩 풀게 했고, 그 결과 점차 실력이 향상되는 것도 보였다. 이때부터는 점수에 연연하지 말자는 생각은 있었지만 학교에서의 단원평가에서 중위권에 머무르고 있는 아이에게 실망감이 드는 건 어쩔 수 없었다. '집에서 푸는 것을 보면 적어도 80점 이상은 나와야 할 텐데. 학교에서 시험을 보면 왜 좋은 성적을 받지 못하지? 집에서 잘 풀었던 문제를 왜 못 풀지?' 하며 속상하고 납득이 되지 않았다.

아이들이 실수할 때마다 "실수도 실력이야. 아는 것은 문제를 잘 읽고 정확하게 풀어. 모르는 것은 배워서 알면 되니까 문제가 되지 않지만 아는 것을 틀리는 실수는 반복하지 말아야지"라고 강조했다. 이렇게 계속 이야기해도 아이들의 실수는 크게 나아지지 않았다. 그래도 첫째는 학교에서의 시험은 거의 실수가 없어 최상위권을 유지했지만, 둘째 손녀딸은 그렇지 못해 실망스러웠다.

나는 그 탓을 아이에게 돌리기 시작했다. 아이가 최선을 다하지 않고 집중하지 않는 것 같아서 화가 나기 시작했다. 가끔씩 '아이가 열심히 하지 않는데 이 상태로 계속하는 것이 의미가 있을까?'라는 생각도 들었다. 그러나 '이대로 그만두었다가 아예 공부에 손을 놓으면 어떡해?' 하는 불안감으로 막상 그만두지는 못했다.

이때부터 아이의 사소한 잘못에도 예민해지기 시작했다. 이해하기보다는 왜 집중을 못하냐고, 정신 차리고 풀라고 윽박질렀다. 나의 감정적인 말과 행동은 당연히 아이의 감정을 건드렸고 아이의 바람직하지 못한 행동으로 나타났다. 그것은 또 내 감정을 건드

려서 때때로 큰 소리가 났다. 그나마 다행인 것은 아이의 마음을 읽어주고 감정 빼기를 한 덕분에 그래도 공부를 잘 마칠 수 있었고, 그것이 우리들의 관계에 큰 영향은 미치지 않아서 여전히 아이와 좋은 관계를 유지하고 있다는 것이다.

시험 불안이 주범

그러던 어느 날 둘째가 학교에서 가져온 시험지를 보니 앞쪽은 다 맞혔는데 뒤쪽 부분에서 5개를 틀렸다. 문제를 보니 연산 실수 2개, 답을 잘못 베껴 쓴 것 1개, 틀린 문제 2개였다. 틀린 문제를 다시 풀어보게 했더니 모두 쉽게 풀었다. 충분히 풀 수 있는 문제였다. 너무 아쉽고 안타까웠다. 손녀딸도 속상해했다.

"지원아! 앞쪽은 실수 없이 잘 풀었는데 왜 뒤쪽은 이렇게 틀렸을까?" "할머니, 저는 시험 볼 때 너무 떨려요. 이번에도 선생님이 이제 10분 남았다고 하셨는데 그때부터 다 못할까 봐 너무 떨려서 머릿속이 하얗게 되었어요. 알았던 문제인데 풀이가 생각도 안 나고 하여튼 그랬어요. 지금 보니 저도 다 맞힐 수 있는 문제라 많이 속상해요." "아, 그랬구나. 지원이가 다 못 풀까 봐, 틀릴까 봐 너무 긴장하다 보니 머리에 멘붕이 온 거야. 이런 상태니 어떻게 실력 발휘가 될 수 있겠어? 틀리는 것은 당연한 거야."

아이가 자신감이 부족하고, 시험 스트레스가 있는 줄은 알았지만 실력이 부족해서 그런 거니 실력이 좋아지면 자연스럽게 해결

되리라 생각하고 그다지 신경 쓰지 않았다. 그런데 실력을 발휘하지 못하고 실수를 한 원인에 실력 부족도 있겠지만 더 큰 것은 시험 불안임을 깨닫게 되었다. '아이의 시험 불안이 어쩌면 내 탓이 아닐까?'라는 생각이 들었다.

실수하지 말라고, 정신 차리고 풀라고 누누이 강조하고, 같은 실수를 반복하면 어째서 이러냐고 윽박질렀던 것을 되돌아보게 되었다. 이러한 나의 반응으로 인해 틀리면 또 혼날까 봐 두려운 아이는 '틀리지 말아야지, 실수하지 말아야지'라는 강박이 생기게 되었고, 그 강박이 불안으로 나타났을 것이다.

예전에 상담심리학 수업에서 들었던 이야기가 생각났다. 사람이 너무 잘하려고 하거나, 어떤 실수를 안 하려고 하면 할수록 더욱더 실수하게 되는 경향이 있기 때문에 이럴 때는 "실수해도 괜찮아. 실수하면 어때?"라고 말하면서 마음 편하게 하는 것이 최선이라는 것이다. 그래서 손녀딸에게 말했다.

"안 하려고 생각하면 더 생각나는 것이 뇌의 생리야. 야식을 먹는 것이 좋지 않다고 생각해 먹고 싶은 치킨을 먹지 않으려고 치킨에 대한 생각을 지우려고 하면 할수록 치킨 생각이 더 간절해져서 못 참았던 경우 있지? 실수를 안 하겠다고, 틀리지 않게 잘 풀어야겠다고 생각하면 그렇게 안 될까 봐 더 걱정되어 시험을 망치게 되는 거야. 시험 보기 전에 떨리면 우선 심호흡을 해. 그리고 시험을 잘못 볼까 봐 걱정되면 '시험 보는데 떨리는 게 당연하지'라고 너의 마음을 그대로 받아들이고 인정해. 그런 다음 '틀려도 괜찮아! 다음에 잘 보면 되지'를 작은 소리로 말하거나 마음속으로 말하고 시험을 봐. 그리고 틀리는 것을 너무 불안해하지 마. 네가 틀리는 것이 있어야 배우게 될 것 아냐. 네가 다 맞으면 할머니가 필요 없잖아? 틀리는 것보다 중요한 것은 왜 틀렸는지, 다음에 이 실수를 줄이려면 어떻게 해야 하는지 생각해보고 실천하는 거야. 그러면서 틀린 문제를 통해서 배우게 되니까. 틀린 문제가 선생님이야."

이제부터 문제를 풀면서 틀릴까 봐, 실수할까 봐 너무 걱정하지 말라고 할머니도 너의 실수에 예민하게 반응하지 않을 테니 '틀리면 어때?'라고 생각하고 편안하게 하라고 했다. 나 자신도 '틀리면 어때? 다시 한 번 풀게 하면 되지. 그게 뭐 그리 큰 문제라고' 하며 다짐했다. 그러고 나니 마음이 편해지고 기다릴 줄 아는 여유도 생겼다.

몰라도 괜찮다

시험 불안을 줄이는 또 하나의 방법은 자신감이 생기도록 하는 것이다. 실력을 높이기 위해 나의 지도 방법을 개선해 개념을 확실히 알게 하고 반복을 실천해 잊지 않도록 했다. 또한 아이가 '나는 공부 못하는 아이야', '나는 해도 안 돼'라는 인식을 하지 않도록 신경을 썼다.

아이가 여러 번 설명했던 부분을 또 모르면 예전엔 몇 번을 설명해야 하냐고, 제발 집중해서 들으라고 목소리를 높였다. 그러나 이젠 이런 경우가 생기면 "몰라도 괜찮아. 할머니가 다시 차근차근 설명해줄게. 그러면 생각날 거야. 같은 이야기 자꾸 들어서 지겨울 수도 있지만 말이야"라고 부드럽게 말한다. 부족했던 부분을 다시 차분히 설명해주고 아이의 말로 다시 한 번 정리해보게 하면 거의 대부분은 해결된다.

그리고 아이가 문제를 잘 풀 수 있도록 문제를 풀기 전에 필요한 개념을 다시 한 번 정리하게 해 사전에 실수를 예방했다. 어려운 문제에서는 "이건 할머니도 못 풀겠던데…. 지원이가 못 푸는 것은 당연한 거야. 아직 학교에서 배운 것도 아닌데 이 정도 하면 잘하는 거야. 할머니가 힌트를 줄 테니 한 번 풀어봐" 하며 마음을 편하게 해주었다.

그 결과 요즘은 조금만 어려워도 모르겠다고 비워놓았던 문제의 수도 줄어들었다. 그리고 못 풀었던 문제도 구하려는 것이 무엇이며, 주어진 조건이 무엇인지 확실하게 이해가 되면 자기가 스스로 해보겠다는 의욕도 보인다. 자신감이 생긴 것이다. 물론 요즘도 실수를 1~2개씩 하지만 이제는 시험 불안에서 해방된 것 같다. 물론 시험 성적도 상위권으로 올라섰다. 손녀딸에게 물어보니 요즘도 긴장되긴 하지만 옛날처럼 그렇게 떨리지는 않는다고 한다. 실력 향상과 함께 "틀려도 괜찮아", "몰라도 돼. 다시 한 번 하면 되지"로 찾은 편안한 마음 덕분이다. 아직도 갈 길이 멀지만 앞으로 손녀딸의 성장은 계속되리라 확신한다.

매일, 조금씩, 천천히

속해 독서도 인성교육과 함께

공부는 읽기와 해석이 99%

글을 잘 읽고 이해하는 것은 공부의 기본이다. 이것이 잘되지 않으면 아무리 열심히 하더라도 좋은 결과를 기대하기는 어렵다. "지문과 문제 속에 답이 있다", "출제자의 의도를 살펴라", "수학도 국어다", "조건이 힌트다" 등의 이야기는 우리가 선생님들로부터 귀에 못이 박히도록 들은 말이다. 이것은 읽은 것을 잘 이해하는 것이 먼저고 중요하다는 것이다.

나 또한 공부의 기본 능력은 읽기와 해석이라고 생각했기에 제일 먼저 속해 독서부터 시작했다. 요즘처럼 정보가 홍수처럼 넘쳐날 때 글을 빨리 읽고, 바르게 이해하는 능력이 살아가는 데 도움이 되고 학습 능력을 올리는 데도 효과가 크리라 생각했다. 책을 좋아하는 아이라면 굳이 이 능력을 키우기 위해 노력할 필요는 없다고 생각한다. 폭넓은 독서를 통해서 자연스럽게 자랄 수 있는 능력이기 때문이다.

그러나 내 손녀딸들은 그렇지 못했다. 어릴 때부터 책을 좋아하는 아이로 키우고 싶어서 교보문고와 알라딘 등을 수시로 가고, 늘 책 읽는 모습을 보여주었다. 잠자리에서는 며느리가 밤마다 아이에게 책을 읽어주고, 거실의 TV를 없애는 노력도 했지만 바람대로 되지는 않았다.

방법은 어떻게?

국어 공부는 지력, 심력, 체력, 자기 관리력, 인간관계력의 다섯 가지 능력의 향상으로 아이의 전인격적 인성을 완성하는 교육인, 원동연 박사가 창시한 5차원 전면교육을 활용했다. 그래서 지력을 키우기 위한 구체적 방법인 학문의 9단계(속해 독서, 글 분석, 글 감상, 고공 학습법·상관관계 학습법, 개념 심화 학습법, 질문 학습법, 글쓰기, 도식화, 함수화) 방법을 적용했다. 각 방법에 대한 자세한 내용은 《5차원 전면교육》(원동연, 김영사, 2017)과 《5차원 독서법과 학문의 9단계》(원동연, 김영사, 2017)에 설명되어 있다.

그러나 최상위 단계인 함수화를 제외하더라도 여덟 단계 방법을 그대로 체계적으로 실시하기는 어려웠다. 그래서 이 방법을 바탕으로 하되 내 나름의 방법으로 적용해 실천했다.

속해 독서는 먼저 동그라미가 그려진 안구 훈련표를 이용해 주

4회 1분씩 3회 안구 훈련(구체적 방법은 5장 내용 참조)을 실시했다. 이는 글을 읽을 때 사용되는 안구 근육을 훈련해 글 읽는 속도를 높이고자 하는 것이다. 공부하기 전에 안구 훈련을 실시하면 뇌를 깨우고 집중력을 높여주는 효과도 있다. 내가 전농중학교에 있을 때 1년 동안 매일 아침 자습 시간에 안구 훈련을 실시한 결과, 아이들이 정서적으로 안정되고 학습 태도가 향상되는 것을 보았다.

안구 훈련이 끝난 뒤에는 글을 2~4개 단위로 사선을 그으면서 의미 단위로 끊어 읽는 사선 긋기(구체적 방법은 5장 내용 참조)를 실시했다. 예를 들면 한 문장을 읽을 때 어절별로 사선을 그으며 읽는 것이다.

우리의 삶은 / 늘 크고 작은 시련과 / 역경의 연속이다. / 살아간다는 것은 / 우리에게 닥치는 / 여러 가지 도전과 / 어려움을 끊임없이 / 극복해나가는 과정이다.

초기에는 이렇게 사선을 긋다가 익숙해지면 사선을 긋는 범위를 더 넓혀나간다.

우리의 삶은 늘 크고 작은 시련과 역경의 연속이다. / 살아간다는 것은 / 우리에게 닥치는 여러 가지 도전과 어려움을 / 끊임없이 극복해나가는 과정이다.

처음에는 아이들의 흥미를 고려해 동화책을 활용했다. 사선을 그으면서 소리 내어 읽고 중요한 것이나 감동적인 부분에 밑줄을 긋게 했다. 자신이 사선 그은 대로 읽은 것을 녹음하고, 다시 들려주어 잘못된 부분을 스스로 찾게 해 수정했다. 그리고 읽은 내용을 말하게 했다.

속해 독서가 점차 익숙해지면서 읽은 내용을 그림으로 표현하고 그것을 다시 이야기하도록 했다. 그리고 나서 읽은 부분을 다시 읽게 하면 아이 스스로 누락된 부분이나 잘못 이해한 부분을 잘 찾아내었다. 자기주도학습이 된 것이다.

이렇게 몇 개월을 한 후 동화책에서 일일 독해 문제집으로 전환했다. 물론 사선 긋기로 읽기, 문단 나누기, 주요 문장 밑줄 긋기 등은 계속했고, 범위를 넓혀 교과서 읽기에도 적용했다. 큰 손녀딸은 방학 동안 사회 교과서를 속해 독서로 읽고 단원별로 마인드맵으로 정리해보게 했다.

속해 독서를 통한 인성교육

인성과 공부는 별개의 것이 아니라 함께 가는 것이라고 생각한다. 바른 인성의 바탕 위에 공부가 세워져야 바른 인생을 살 수 있다고 믿기 때문이다. 그래서 전농중학교, 노일중학교 교장으로 있을 때도 학교 경영에 있어 인성을 강조해 교육의 기본으로 삼았다. 그 결과 인성교육이 뒷받침되면 학업 성취도도 올라가는 것을 확인할 수 있었다.

좋은 읽기 자료는 아이들의 인성을 기르는 데 많은 도움을 준다. 그래서 아이들이 어느 정도 속해 독서에 익숙해질 무렵부터 마음의 힘을 키우는 교재를 추가했다. 5차원 전면교육 연구소에서 발행한 교재와 내가 학교에 있을 때 교사 학습 동아리에서 활용한, 서울 5차원 전면교육 학습연구회에서 발간한 《아침을 여는 명상》 책을 주 1~2회 활용했다. 좋은 감동을 주는 글을 속해 독서로 읽고 그 느낌을 적거나, 그림으로 표현하게 해 마음의 힘을 키워나갔다. 그 후에는 매일 '행복 일기' 한 편을 읽고 느낀 점을 세 줄 내지 다섯 줄로 표현해보는 것도 실행해 글쓰기 훈련도 병행했다.

나의 교육철학에 맞게 큰 아이는 학교에서 늘 인성 관련 상을 받아왔다. 이번 학년을 마치면서 가져온 통신문 '행동특성 및 종합의견' 난에도 다음과 같이 적혀 있어 나를 기쁘게 했다.

> 수학의 기본적 문제 해결 방법을 잘 이해하고 차근차근 생각해 풀어냄. 학습 능력이 잘 형성되어 있고 이해력이 뛰어나 전 과목 고루 우수함. 학습 약속이나 과제에 대한 책임감이 강해 정해진 약속을 꼭 지키고 과제도 성실하게 해 옴. 생각이 깊고 차분하며 자주적인 학습 습관 및 생활 태도가 정착되어 있음. 수업에 대한 집중력이 있고 학습 태도가 바르며 모둠 활동에서 주어진 과제를 진지하게 해결함. 책을 즐겨 읽으며 도서관을 적극적으로 활용. 교우관계가 원만하고 고운 말과 긍정적인 생각으로 친구들 사이에 인기가 좋음.

둘째 손녀의 통신문 내용도 크게 다르지 않았다.

> 다른 사람을 잘 도와주며 성품이 온순하고 착하며 다른 친구들과 잘 어울리며 교사와 친구들에게 신뢰를 주는 학생임. 경청하고 필기하는 학습 태도가 좋으며 채색, 꾸미기 등 미술 활동을 잘함.

또한 일기상을 받은 방학 동안 쓴 일기장 아래에는 담임선생님의 친필로 다음과 같이 적혀 있었다.

> 고맙고 사랑하는 지원아! 지원이가 있어서 선생님은 너무 든든했어. 너무 귀엽고 착한 지원아, 계속해서 지혜롭고 착한 사람으로 자라렴.

학교에서 보여준 두 손녀딸들의 모습이 바로 내가 바라던 모습이었다.

매일, 조금씩, 천천히

공부의 두 원칙, 확실한 이해와 반복

아이에 따라 다소 부족한 방법도 효과가 있다

공부를 잘할 수 있게 하는 두 가지 원칙은 개념과 원리의 확실한 이해와 반복이라고 생각한다. 그러나 내가 처음부터 이것을 깨닫고 손녀딸들과의 공부에 적용한 것은 아니다.

나도 처음엔 아이를 어떻게 가르칠까 그다지 고민하지 않고 그저 내가 해오던 방식으로 했다. 특히 초등 공부에서 가장 중요하다고 생각한 수학 공부에 중점을 두고 총 공부 시간의 절반은 수학에 투자했다. 수학 공부는 보통 하는 것처럼 교과서와 문제집을 가지고 했다. 수학 교과서를 가지고 기본 개념을 설명하고 아이에게 문제집을 풀게 해서 채점하고 틀린 부분을 설명했다. 문제집은 한 권을 다 끝낸 다음에는 복습 차원에서 틀렸던 문제를 다시 풀게 하고 틀리면 다시 설명하고 두 번 복습하며 마무리했다. 한 학기가 끝나면 방학 동안 총정리로 《수학 익힘》 교과서를 다시 풀게 했다.

이런 부족한 공부 방법에도 불구하고 아이마다 성장 속도가 달라 첫째 손녀딸은 공부를 시작한 지 1년이 지나자 1학기 정도의 선행이 가능해졌고 문제집의 개념을 혼자 이해하고 풀 수 있는 수준이 되었다. 그리고 학교에서 보는 단원평가는 별도 공부를 하지 않고도 만점에 가까운 점수로 상위 그룹을 유지했다. 물론 아이 스스로 성취감을 느끼고, 공부에 자신감도 가졌다. 그에 따라 오답 노트와 풀이 노트도 적용했다. 그 과정이 순조로웠다. 주어진 과제를 스스로 잘 해내는 아이에게 "잘하고 있어. 대단하다. 대견하다"라는 칭찬의 말이 절로 나왔다.

매번 모르는 아이! 과연 집중을 안 해서일까?

그러나 시작부터 기초가 부족했던 둘째 손녀딸은 같은 방법으로 1년 반이 지났지만, 기대수준에 못 미치고 집에서 푸는 문제집은 어느 정도 잘 해나가는 것 같았으나 학교에서 보는 단원평가는 60~70점 수준에 머물렀다. 처음에는 욕심부리지 말고 천천히 가자고 생각하고 마음을 비웠기에 아이가 좀 더디게 가도 화가 나지 않아 좋은 관계로 공부를 지속할 수 있었다. 그러나 4학년이 되면서 공부가 더욱 중요해졌고, 내가 생각하기에 이 정도로 했으면 성과가 나는 게 당연한데 그렇지 않으니 아이도 나도 공부가 재미없고 더욱 힘들고 지치게 되었다.

같은 것을 몇 번을 가르쳐도 다음 날이 되면 또 모르고, 다시 설명하고 문제를 풀어도 일주일이 지나면 다시 제자리걸음이 되었다. 그 무렵 나는 아이에게 "집중해서 듣지 않는 것이 문제야. 정신 차리고 해" 하며 목소리가 높아졌다. 나의 감정적인 반응에 아이도 반항적인 모습을 보이게 되니 나는 그 태도에 더욱 화가 나서 비난과 상처 주는 말로 아이를 울게 했다. 그런 과정이 몇 번 일어나면서 '공부를 가르치는 걸 그만두는 것이 낫지 않을까? 공부를 가르치다가 아이랑 좋은 관계까지 망치게 되는 것은 아닐까? 그런데 이 상태로 그만두었다가 아이가 공부를 포기하면 어떻게 하지?' 하고 온갖 생각이 다 들었다.

그러던 어느 날 우는 아이를 쳐다보면서 처음으로 안쓰럽다는 생각이 들었다. 상처를 준 것이 미안하고 가슴이 아팠다. '진짜 공부를 잘하게 도와주고 싶다'라는 생각이 들었다. '내가 가르치는 방법에 문제는 없나? 효과적인 공부 방법은 없을까?' 하고 수업 방법에 대한 고민을 시작했다. 공부에 관한 책을 읽으면서 아이가 문제를 잘못 푸는 것이나 어제 설명한 것을 오늘 또 모르는 것은 아이가 확실하게 개념과 원리를 이해하지 못했기 때문이라는 것을 알게 되었다.

또한 실력이 부족한 아이라는 생각에 내가 옆에서 문제를 같이 읽어주고, 어떤 의미인지 모르면 설명을 해주었던 것이 공부에 있어 수동적인 태도를 가지게 했다는 것을 알게 되었다. 문제 푸는 것을 옆에서 지켜보면서 속도가 느린 아이를 답답해하고 재촉하다 보니 점차 아이는 자신감도 없어지고 '나는 수학을 못 하는 아이야'라고 생각하게 되고 자존감도 낮아졌다는 것도 알게 되었다. 그리고 듣기만 하는 공부는 학습 효과가 겨우 5% 정도로 거의 소용이 없다는 것을 깨닫게 되었다.

개념과 원리를 확실하게

계속 앞으로 나아가는 것이 중요한 것이 아니라 하나를 알아도 확실하게 알게 하는 것이 중요하다는 생각으로 지도 방법을 바꾸기 시작했다. 듣기만 하는 공부는 학습 효과가 5%라는 것을 확인한 이후로, 나는 더이상 말로만 하는 공부는 하지 않았다. 내가 주안점을 둔 부분은 개념과 원리를 확실하게 하는 것과 이후에는 반복하는 것이었다. 구체적인 방법을 다섯 단계로 나누어 설명해보겠다.

첫째, 개념을 확실히 아는 것이 중요하다고 생각해 교과서를 보고 천천히 설명했다. 그리고 개념 정리를 눈으로 볼 수 있는 형태로 설명했는데, 예를 들면 분수는 종이를 가져와 피자 모양으로 잘라 보여주며 설명했다. 아이들이 3학년 분수 수업을 배우면서 수학에서 처음으로 좌절과 포기를 만난다는 것을 익히 들어 알고 있었기 때문이다. 가끔은 피자를 시켜 먹으면서 분수의 개념과 원리를 다시 복습했다. "자, 여기 피자 한 판이 있어. 지금 여덟 조각으로 나누어져 있지? 8분의 1은 여덟 조각 가운데 한 조각이라는 의

미야. 자, 지금 우리가 네 명이야. 이 피자를 똑같이 공평하게 나누어 먹으려면 몇 조각씩 먹으면 될까?" 이렇게 설명해주면 아이는 똑같이 두 조각씩 먹으면 된다고 금세 계산해낸다.

또한 "25의 1/5은 얼마인가?" 하는 것을 가르쳐야 할 때는 아이가 좋아하는 고래밥을 이용해서 설명했다. "고래밥 25개를 다섯 명이 똑같이 나누어 먹으려면 어떻게 나누어야 할까?" 하고 아이에게 질문했다. 아이는 1개씩 나누면서 그것을 5개씩 다섯 무더기로 만들었다. 그 한 무더기가 1/5이라고 알려준 뒤 "그러면 두 명분은 몇 개야?"라고 물었다. "10개"라고 대답하면 그것이 2/5라는 것을 알려주었다. 다 끝난 다음 그것을 함께 나누어 먹었다. 공부가 놀이가 되고 작은 행복이 되었다.

도형 단원에서는 색종이를 사용해 각 도형의 모양대로 잘랐다. 그러고 나서 각 도형의 특징을 확인하며 정의를 설명했다. 삼각형의 세 각의 합은 180도, 사각형의 네 각의 합은 360도라는 것을 알려줄 때 색종이를 자르고 합쳐서 180도, 360도 되는 것을 보여주면서 설명했다.

이렇게 직접 만지고 경험하는 공부는 학습 효과가 75%라고 한다. 나는 이 같은 방법을 적용해 아이들을 가르치고, 이후에는 학습 효과가 90%가 되는 가르치기 방법을 적용해 자신이 이해한 것을 나에게 설명해보도록 했다. 그리고 중요한 개념은 정리 노트를 만들어 정리하게 했다.

둘째, 기본 개념을 아이가 잘 알고 있는지 문제를 풀기 전에 다시 질문해보고 부족한 부분은 다시 설명해주었다. 이러한 방법으로 아이가 자신감을 갖게 되었다. 정답률을 높여서 문제 풀이가 즐거운 일이 되게 하는 데 큰 역할을 했다.

셋째, 문제를 풀 때는 구하려는 것은 무엇인지, 주어진 조건은 무엇인지, 어떤 개념을 적용하면 되는지를 순서대로 생각해보고 풀도록 했다.

넷째, 먼저 혼자 문제를 풀도록 하고 다 푼 다음 채점을 한 후 어려운 문제나 틀린 문제는 적용해야 할 개념을 힌트로 주면서 아이 스스로 다시 풀 수 있도록 기회를 주었다.

다섯째, 수업이 끝난 다음에는 틀렸던 문제를 다시 같은 방식으로 설명을 하도록 하는 방식으로 마무리 복습을 했다.

이런 방법은 바로 효과가 나타났다. 오답이 줄어들고 학교에서의 단원평가에서도 점차 좋은 성적을 얻게 되었다. 드디어 아이가 그렇게 원하던 100점도 받아보게 되었다. 공부에서 성취감도 느끼고 공부 의욕도 살아나게 되었다. 큰 손녀딸에게도 이 방법을 적용했다. 3단계 기본 개념 문제집에 만족하던 아이가 4단계 심화 문제집을 풀어보겠다고 했다. 심화 문제집을 풀다 보니 안다고 생각했던 것에서 2% 부족한 부분이 보였다. 그래서 그 부분을 찾아서 개념을 확실하게 이해하게 했다. 그랬더니 부담 없이 마지막 단계의 심화 문제집까지 도전하는 자신감도 보여주었다. 개념과 원리를 확실하게 하는 것이 성장의 가장 밑거름이 된다는 사실을 다시 한 번 깨닫게 되었다.

자기 것으로 만드는 세 번의 복습

이렇게 학습한 내용이 시간이 지나도 다 기억된다면 대단히 좋겠지만, 반복해 학습하지 않으면 학습한 내용은 잊어버리게 된다. 따라서 새로운 것을 학습하는 것도 중요하지만 학습한 것을 잊지 않고 기억하는 것이 더 중요하다.

16년간 '기억'에 대해 연구했던 독일 심리학자 헤르만 에빙하우스(Hermann Ebbinghaus)의 망각곡선에 의하면 인간은 한 시간이 지나면 기억의 약 50%가 사라지고, 하루가 지나면 약 70%가 사라지며, 한 달이 지나면 약 80%가 사라진다고 한다. 그날 수업한 내용을 바로 복습하지 않은 채 한 달이 지나면 다시 원점으로 돌아가게 된다. 따라서 효과적인 학습을 위해 적어도 세 번 이상 복습을 해야 한다는 것이다. 수업 다음 날, 일주일 후, 한 달 후 복습이 되어야 자기 것이 된다는 것이다.

그러나 성실히 학습을 잘 따라오는 아이라도 아직 초등학생이라면 수업 다음 날, 일주일 후, 한 달 후 복습의 루틴을 따라오는 것은 쉽지 않다. 더구나 복습을 유난히 싫어하는 아이라면 더욱 어렵다. 그런 경우는 매일 공부가 끝난 뒤에 바로 그날 공부한 것을 자기 말로 설명하게 해 마무리하도록 시킨다. 내가 둘째 손녀딸에게 적용하는 방법이다. 그리고 교과서나 문제집을 세 번 반복하는 원칙만 지키도록 하자. 그것만 해도 내용을 자기 것으로 만드는 데는 충분하다.

3장

마음의 힘을 키우면
공부도 즐겁다

매일, 조금씩, 천천히

인성이 바른 사람이 되기 위해 공부한다

아이의 행복을 위한 코스?

예전에 부모교육을 강의할 때 이런 질문을 한 적이 있다. '공부'와 '인성'이 당연히 함께 가야겠지만 둘 중 하나를 선택해야 한다면 어느 것을 선택하겠냐고 말이다. 대부분의 부모들이 인성이 더 중요하다고 대답했다. 그 후에는 좀 더 구체적으로 다음과 같이 물어보았다. "한 아이는 인성이 바람직하지는 않지만 서울대에 진학할 수 있습니다. 다른 아이는 인성은 바람직한데 지방대에 진학할 수 있습니다. 이중 어떤 아이가 내 아이였으면 좋겠습니까?" 이전 질문에서 인성이 중요하다고 대답했던 대부분의 부모들이 이 질문에는 첫 번째 아이를 선택했다.

기본적으로 인성이 중요하다고 생각하지만 눈앞의 성적이 아이의 앞날을 좌우한다고 생각하기 때문에 그 누구도 시험이나 성적에서 자유로울 수 없을 것이다. 더구나 입시를 앞두고 있는 고등학생이라면 인성보다 공부가 더 우선순위가 된다. 자녀가 고3이 되면 공부에 초점을 맞추게 되고 아이가 다소 인성적으로 바르지 못한 행동을 해도 "그래. 고3이니까. 대학만 들어가고 보자" 하며 다 용서하고 이해하면서 넘어간다.

왜 이런 현상이 나타나는 것일까? 내 아이가 행복하게 살기를 바라는 부모는 '좋은 성적, 좋은 학교, 좋은 직업, 안정된 삶'이 곧 행복으로 이어진다고 생각하기 때문이다. 그런데 과연 이 과정을 거쳐서 좋은 직업을 가진 사람들이 진정으로 안정된 삶을 누리고 행복하게 살고 있을까? 또한 현재의 좋은 직장, 사회적으로 높은 위치, 사회에서의 성공이 미래에도 계속된다고 보장할 수 있을까?

무엇보다 중요한 마음의 힘

살다 보면 미처 생각지 못한 어려운 일을 맞이하게 되고 한순간에 나락으로 떨어질 수 있는 일도 생기는 법이다. 앞으로의 세상은 더욱 그렇다. 정말 어떻게 흘러갈지 예측이 어려운 시대가 되었다. 3년 전만 해도 우리가 코로나19 시대를 살게 될 줄 누가 알았겠는가? 그럼에도 불구하고 요즘 아이들은 어려운 일을 당하면 스스로 해결하기보다는 부모에게 의지하는 경향이 많다. 이겨내기보다는 쉽게 포기하는 것을 선택한다.

따라서 살면서 부딪히는 어려움을 극복하고 이겨나가기 위해서는 실력과 함께 마음의 힘을 기르는 것이 중요하다. 최악의 상황에서도 이를 이겨내고 더욱 성장하는 기회로 만들 수 있는 마음의 힘이 필요하다. 그래야 어떤 상황에서도 인생의 주인공이 되어 행복하게 살 수 있는 것이다. 갑작스러운 사고로 신체적 장애를 가지게 되거나 예기치 못한 실패로 파산하게 된 위기를 극복하고 삶의 가치를 실천하며 행복하게 살아가고 있는 많은 사람들의 경우가 그것을 증명한다.

2022년 1월 22일 〈조선일보〉에는 강원도 춘천에서 '감자빵'을 개발해 대성공한 농업회사 법인 '밭'의 이미소 대표의 이야기가 실렸다(김성윤, "전교 꼴찌였던 주걱턱 소녀…'저 닮은 못난이빵으로 100억 벌었죠'", 〈조선일보〉, 2022. 1. 22). 이 대표는 제과제빵을 배운 파티시에도 아니었고 소위 말하는 금수저 출신도 아니었다. 오히려 가정 형편이 어려웠고 심한 부정교합으로 따돌림을 받은 상처도 있었다. 중학교 때는 전교 꼴찌도 했다고 했다. 그러나 포기하지 않고 많은 어려움을 극복하며 악착같이 노력한 덕분에 지금은 디저트 업계를 강타한 히트 상품의 개발자로 당당한 성공을 거두었다.

이 기사에서 보듯이 그동안 우리가 생각했던 성공의 공식, 행복의 공식이 지금은 매우 달라졌다. 잊지 말자. 자신의 이익만을 추구하지 않고 사회에 기여하며 살아가야 한다는 것을 말이다. 가치로운 삶을 실천하면 자신은 물론 다른 사람들도 행복하게 만드는 기적이 일어날 것이다.

인성이 실력이다

'교수를 가르치는 교수'로 잘 알려진 조벽 교수는 《인재 혁명》이라는 책에서 글로벌 인재에게 필요한 세 가지 실력은 창의성, 전문성, 인성이라고 주장했다. 그리고 인성도 오랜 학습의 결과물인 실력이라고 했다.

> 요즘은 사회가 고도로 발전하고 복잡해서 혼자 해결할 수 있는 문제가 별로 없습니다. 따라서 다양한 능력과 지식을 지닌 사람들이 함께 팀워크와 네트워크를 이루어 일해야 합니다. 그렇기 때문에 일을 하고 싶으면 우선 남들이 자기와 '일을 함께하고 싶다'라는 느낌을 줘야 합니다. 즉 인성은 '남과 더불어 일을 할 수 있는 능력'을 뜻합니다. 인성은 머리로 안다고 되는 것도 아니고 하루만에 이루어지는 것도 아닙니다. 오랜 학습의 결과입니다. 그리고 우리는 오랜 학습의 결과를 두고 실력이라고 부릅니다. 그러니 인성도 실력인 것입니다. 인성은 앎이 삶과 어우러져 베풂으로 실천되도록 만드는 원동력입니다.
>
> — 조벽, 《인재 혁명》, 해냄, 2010, 67쪽

이런 시대적 요구로 기업에서 신입사원 채용 시 2박 3일, 또는 3박 4일의 프로그램을 진행하는 경우가 많다. 생활하는 과정을 통해 그 사람의 무의식적인 태도와 인성을 평가하는 것이다. 이 밖에도 교수 초빙, 입학시험 등에서도 인성적인 요소가 결정적인 요소로 작용한다.

공부는 왜 할까?

우연한 기회에 손녀딸들에게 공부를 왜 하냐고 물었더니, "시험 잘 보려고요", "공부를 잘하면 좋은 직장에 들어가서 돈을 많이 벌 수 있으니까요"라고 대답했다. 나는 순간 깜짝 놀랐다. '이건 아닌데. 뭔가 잘못되었구나' 하는 생각이 들었다.

그래서 나는 손녀딸들에게 "공부는 바른 사람이 되기 위해서 하는 거야. 인성이 바르지 않으면 자신의 이익을 위해서나 성공을 위해 방법이나 수단을 가리지 않아서 사회에 해를 끼치게 된단다. 바른 인성이 바탕이 되지 않으면 아무리 실력이 뛰어나도 그 실력이 좋은 방향으로 쓰여질 수 없단다"라고 말했다. 그 당시 내 말이 아이들 마음에 크게 와닿는 것 같지는 않았지만 그래도 나는 다시 힘주어 말했다. 공부는 바른 사람이 되기 위해서 하는 것이라고 말이다.

돌이켜 생각해보니 나는 손녀딸들에게 공부를 가르치면서 "이렇게 실수를 하다가 학교 시험 볼 때도 그리하면 어쩌냐고?" 하며 다그쳤다. 그리고 아이의 시험 점수가 기대에 못 미치면 실망하고 좋은 점수를 받아오면 좋아했다. 이러한 나의 무의식적 행동이 '공부는 시험을 잘 보기 위한 것'이라는 의식을 심어준 것 같다.

성공하고 많은 돈을 벌어서 부자가 되는 것이 공부의 목적이 아니다. 공부는 수단일 뿐이며 어떤 사람이 되는가가 중요한 것이다. 그것을 통해 무엇을 하고 싶은지, 어떤 가치로운 일을 할 수 있는지가 중요하다. 그것이 인생을 바르게 사는 길이며 나와 다른 사람이 행복해지는 길이다.

아이는 부모의 판박이

공부를 시작하는 아이들에게는 '왜 공부를 해야 하는지, 공부하는 궁극적 목적이 무엇인지' 생각해보는 시간이 필요하다. "공부의 목적은 인성이 바른 사람이 되는 것"이라고 아이에게 말해줘야 하며 부모와 아이가 그것을 잘 알고 시작해야 한다. 그래야 바른 방향으로 나아갈 수 있다.

하지만 조벽 교수의 말처럼 인성은 하루아침에 길러지는 것은 아니다. 전문 학원에서 단기간의 학습으로 길러질 수 있는 것은 더욱 아니다. 평상시 생활 속에서 함께하는 사람들과 긴 세월을 통해 형성되는 것이다.

내가 학교에 있을 때 공부도 잘하고 인성도 바른 훌륭한 아이를 보면 '저 아이의 부모는 도대체 어떤 사람이길래 저렇게 아이를 바르게 키웠을까?' 하고 생각하곤 했다. 그런데 기회가 되어 아이의 부모님을 만나면 직업, 학력, 경제력에 관계없이 모두 인품이 훌륭해 존경심이 우러나오는 분들이었다. 기본적으로 겸손하고 남을 배려하는 태도를 지니고 있었다.

그래서 나는 '이런 부모에게서 저런 아이가 나오는 게 당연하지'라고 속으로 생각하곤 했다. 아이는 부모의 모습을 보고 자란다. "윗물이 맑아야 아랫물이 맑다"라는 속담도 있다. 내 아이를 인성이 바른 아이로 키우고 싶다면 먼저 내가 인성이 바른 사람이 되도록 노력해야 할 것이다.

매일, 조금씩, 천천히

아무짝에도 쓸모없는 잔소리는 이제 그만

부모들의 공감을 일으킨 〈잔소리송〉

한때 장안의 화제가 된 학습지 광고가 있었다. 개그우먼 박미선이 나와 〈잔소리송〉을 부르는 것인데 가사가 너무 현실적이고 재미있어서 인기를 끌었다. 가사의 내용은 이렇다.

일어나 일어나 학교 가야지 학교 끝나면 딴 데 새지 마

숙제랑 준비물 다 챙겼니 TV는 언제까지 볼 거니

수업 시간에 딴짓하지 마 그 선생이 얼마짜린데

컴퓨터 게임은 딱 한 시간 레벨업이 밥 먹여주니

앞집 애는 맨날 1등 뒷집 앤 알아서 척척척

너는 누굴 닮아서 이렇게 엄마 속을 긁는 거니

사고 치고 다니는 것까지 지 아빠를 쏙 닮아

니 짝꿍 반만 본받아라 뭐가 되려 그러니

지금 엄마 말 안 들으면 커서 눈물 쏙 빠질 텐데

예습 복습 좀 하랬더니 틀린 걸 왜 자꾸 틀리니

나 닮았으면 머리는 좋은데 공부 안 하니 방법 없을까

이 노래가 부모들의 공감을 일으키는 이유는 여기 나오는 잔소리들이 평상시에 특별한 생각 없이 하고 있는 익숙한 것이기 때문이다. 엄마들이 아이들에게 하는 잔소리는 만국 공통 언어다. 외국 여가수가 부르는 〈잔소리송〉의 내용도 "숙제해야지, 책 읽어야지, 예의 지켜야지, 가서 자야지, 채소 골고루 먹어야지, 친구들과 놀다 너무 늦지 않게 와야지…"로 우리가 하는 잔소리와 다를 것이 없다. 일반적으로 서양 부모들은 우리보다 아이의 인격을 더 존중한다고 하는데도 말이다.

잔소리는 아이를 바르게 키우려고, 아이를 사랑하니까 거의 습관적으로 하게 된다. 아이들도 다 아는 이야기를 감정을 실어서 하기에 그 잔소리를 듣는 아이들은 일단 반항심이 생기게 마련이다. 지금까지 놀았으니 이제 공부를 해야 한다고, 게임도 그만해야 한다고 생각하지만 "공부는 언제 할 거냐? 게임은 언제까지 할 거냐? 유튜브 그만 보고, 책 좀 읽어라" 하는 엄마의 말에 "어휴, 또 저 잔소리"라고 말하면서 반항을 하게 된다. 설령 "네" 하고 대답을 할지라도 행동으로 옮기는 것은 더디기만 하다. 결국엔 지켜보던 엄마가 참지 못하고 소리를 지르게 되는 것이다.

잔소리는 불신을 숨기는 소리다

어른들도 잔소리 듣기는 싫다. 엄마들은 일반적으로 남편, 친정 어머니, 시어머니 등의 잔소리가 싫다. 그런데 본인들이 듣기 싫은 잔소리를 아이들한테는 왜 하는 것일까? 그들은 '아이들은 어리니까 잘 모르니까 잔소리를 하는 것은 당연해'라고 생각한다. 잔소리는 관심과 애정의 표시이며, 아이를 잘 키우기 위해서 하는 것이라고 한다. 관심과 애정이 없으면 왜 하겠냐고, 이웃집 아이나 지나가는 아이에게 잔소리하지 않는 것 보면 모르겠냐고 한다.

맞는 이야기다. 하지만 그 내면을 자세히 들여다보면 관심과 애정의 표현이기만 하고 내 아이가 잘 자라기를 바라는 마음만 있을까? 그 속에는 아이가 잘못될까 봐 불안한 마음과 걱정 그리고 아이에 대한 불신이 숨어 있다. 내가 아이를 키울 때도 그랬다. 첫째 아이는 게임을 즐겨 했고, 공부를 열심히 하지 않아서 나는 늘 걱정이 많았다. 반면에 둘째 아이는 공부 욕심이 많아 열심히 했고, 최상위 성적을 유지했다. 두 아이가 똑같이 TV를 보고 있어도 나의 대처에는 큰 차이가 있었다.

퇴근해 집에 왔을 때 큰아이가 TV를 보고 있으면 '또 TV를 보네. 언제 들어가서 공부를 하나 보자' 하고 생각하며 불안한 마음으로 지켜보다 참지 못하고 "언제 TV 끄고 공부할 거야?"라고 소리를 질렀다. 아이는 성질을 내고 방으로 들어갔고 화난 아이가 공부를 제대로 할 리가 만무했다. 여전히 아이를 믿지 못하는 나는 '딴 짓하고 있는 것이 아닐까? 자고 있는 것은 아닐까?' 하는 생각으로 확인하고 싶어졌다. 그래서 간식을 가져다준다는 것을 핑계로 아이 방의 문을 두드리곤 했다.

그런데 둘째 아이는 심지어 시험 기간에 TV를 보고 있어도 전혀 불안하지 않았다. '공부를 다 했나 보다. 이제까지 공부하다 잠깐 쉬는가 보다. 안 했으면 밤샘을 해서라도 할 아이인데 뭘 걱정이야'라는 생각에 전혀 걱정되지 않았고, 불안하지도 않았다. 그러니 당연히 TV 끄고 공부하라는 잔소리를 하지도 않았고 할 필요가 없었다. 자연스럽게 자기 할 일을 알아서 하는 주도적인 아이가 되도록 양육자인 내가 힘을 실어준 것이다.

비록 의도하지 않았더라도 엄마들이 아이들에게 잔소리하는 것은 '너를 믿지 못한다'는 것을 느낌으로 말해주는 것이다. 안 그래도 자신의 행동에 대한 조절력과 통제력이 부족한 아이에게 '나는 할 수 없다'라는 부정적인 생각을 심어주는 것이다. 신뢰받지 못한 아이는 자존감이 낮아질 수밖에 없다.

잔소리는 이제 그만

잔소리의 사전적 정의는 '쓸데없이 자질구레한 말을 늘어놓음', '필요 이상으로 듣기 싫게 꾸짖거나 참견함'이다. 잔소리는 쓸데없고, 필요 이상의 말이라는 뜻이다. 아이와의 관계도 나빠지고 바람직한 행동에도 도움이 되지 않는 잔소리는 이제 그만할 때가 되었다. 그 대신 아이의 마음을 읽어주는 말로 시작해보자. 공부할 시간이 되었는데도 여전히 할 생각을 안 하고 놀고 있는 아이에게 "공부할 시간이네. 더 놀고 싶지?"라고 말하면 아이는 '이때다'라고 생각하고 "네. 더 놀고 싶어요. 공부 안 하면 안 돼요?"라고 말할 것이다.

이때 '그럴 줄 알았어'라고 마음에 떠오르는 생각을 접어두어야 한다. "노는 게 재미있는데 그만두고 공부하려고 하니 짜증나지? 네 마음은 이해하지만 공부는 해야 하는데 어떡하지?"라고 말하고 아이가 결정하고 좋은 행동을 하기를 기다려준다. 이때 기다리는 실제 시간은 1~2분의 짧은 시간이지만 10~20분처럼 길게 느껴질 것이다. 한참을 기다려도 행동으로 옮기지 않으면 다시 한 번 감정을 담지 않고 차분하게 "어떡하지? 이제는 해야 할 시간인데"라고 말하고 기다리자. 대부분의 아이들은 공부를 시작하게 될 것이다.

신나게 유튜브를 보고 있는 손녀딸에게 내가 공부하자고 하면 앞서 말한 것과 같은 반응이 온다. 그러면 나는 차분하고 침착한 목소리로 아이를 먼저 이해해준 뒤에 엄연히 지금은 공부해야 할 시간임을 알려준다. 그리고 나서 기다린다. 이런 방법을 쓰면 아이는 때때로 "5분만 더 볼게요", "이것만 보고요" 하며 스스로 대안을 제시하기도 한다. 그렇게 기다리는 시간은 대부분 10분을 넘기지 않는다. 때로는 투덜대면서 들어오는 모습이 내 마음에 들지 않지만 나는 잔소리를 하지 않는다. 그러면 금방 아이의 기분이 제대로 돌아오게 되고 좋은 관계를 유지하면서 공부를 시작한다.

그런데 많은 엄마들이 그 10분을 기다리지 못해서 잔소리를 하고, 감정적인 말로 아이와의 관계를 망치며, 원하는 바람직한 행동으로 아이를 유도하지 못하게 된다. 아이가 엄마의 잔소리에 반항한다는 것은 아이가 그 문제에 대해 마음이 편치 않다는 것이다. 편하지 않은 상태에서는 엄마의 충고, 명령, 훈계, 지시 등이 아이의 감정을 자극해 감정적인 행동을 하도록 만든다. 감정적인 행동이 바람직한 행동이 되기는 어려운 법이다.

공부와 관련해 스트레스를 받는 아이는 엄마가 하는 말에 신경질적으로 반응한다. 날씨가 좋아서 집에 있는 아이에게 공 차고 놀다 오라고 하고 싶어서 "바깥 날씨가 좋으니 나가서 공…"까지 말하는데 이 말을 들은 아이는 "또 공부예요? 엄마는 공부밖에 몰라요?"라고 하면서 성질을 내는 것이다. 언제 시험 보냐고 별다른 생각 없이 편안하게 물어보기만 해도 대답 대신 화를 내면서 방에 들어가버리기도 한다. 공부 관련 이야기에 예민하게 반응하게 되는 것이다. 엄마로서는 기가 막힐 노릇이다. 실제로 아이가 고등학생일 때 내가 겪었던 이야기다. 아이의 감정적인 행동에 부모도 감정적으로 반응하면 아이의 감정은 더 높아지게 마련이고, 후회스러운 결과만 가져오게 된다.

아이 입장에서 대화하기

아이가 해야 될 일을 스스로 하지 않을 때는 이유가 있다. 무조건 하라고 잔소리를 할 것이 아니라 우선 아이의 감정을 살펴보고 이유도 들어보자. 부모가 목소리를 낮추고 감정을 이해해주는 것만으로도 아이의 마음을 편안하게 만들 수 있다. 마음이 편안하면 아이는 당연히 이성적이고 바른 행동을 할 가능성이 높아진다.

아이가 해야 할 일을 하지 않을 때, 바람직한 행동을 하지 않거나 문제행동을 하고 있을 때 순간 내 감정이 올라오는 것은 당연한 현상이다. 그래서 반복적으로 하던 잔소리가 즉각적으로 튀어나오려고 할 것이다. 그러나 바로 이때 심호흡을 하거나, 물을 한 컵 마셔보자. 그리고 나서 아이 입장을 한 번 생각해보자. 입장이 이해가 되면 나의 감정은 내려가기 마련이다. 그런 다음 아이의 감정을 읽어주고. 아이를 믿고 기다려보자. 처음에는 인내가 필요할 것이다.

이것이 아이의 주도성을 길러주고 자존감을 높여주는 길이다. 물론 쉽지 않은 길이다. 잔소리가 반사적으로 나갈 테니까. 그러나 우리의 노력으로 아이의 주도성이 하나씩 자라기 시작하면 잔소리도 저절로 줄어들게 될 것이고 서로가 행복해질 것이다.

인성의 샘물, 감사일기

감사일기의 긍정적 효과

감사일기를 쓰기 시작한 건 2016년부터다. 처음에는 하루를 뒤돌아보면서 오늘 나에게 도움을 준 사람들을 생각하고 감사한 사람들의 이름을 적는 정도였다. 그렇게 시작하다가 2018년부터는 그것을 한두 줄의 문장으로 표현해 적기 시작했다. 지금은 우리 가족들과 감사한 사람들의 이름을 기본으로 적고, 그 아래에 구체적인 감사한 일들을 간단한 문장으로 적고 있다. 감사일기를 쓰는 것이 구체적으로 나의 인생에 어떤 도움을 주었는지, 나의 인성에 어떤 영향을 얼마큼 주었는지는 명확히 알 수 없다. 그러나 수년간의 지속적인 감사일기가 나에게 '작은 일에 감사할 줄 아는 마음'을 길러주어 행복한 삶을 사는 데 도움이 되었다는 것만은 자명하다.

그래서 아이들에게 공부를 가르치면서 인성교육이 바탕이 되어야 한다는 생각에 하루에 다섯 가지씩 감사한 것을 적는 감사일기를 시작했다. 초기에는 공부가 끝난 다음 우리 셋이서 둘러앉아 전날 쓴 감사일기 중 한 가지씩을 발표하는 시간도 가졌다. 좋은 이야기를 나누니 당연히 기분이 좋아졌고, 행복하게 하루를 마무리할 수 있었다.

편집자이자 탐사 보도로 유명한 제러미 애덤 스미스(Jeremy Adam Smith) 등이 공저한 《감사의 재발견》(손현선 역, 현대지성, 2022)에는 '그레이터 굿 사이언스 센터'의 다양한 과학적인 연구 결과를 통해 감사가 우리에게 주는 놀라운 긍정적인 측면을 소개하고 있다. 20여 년간의 연구를 통해 여러 가지 형태의 감사가 우리의 정신 건강, 인간관계, 신체 건강, 자기 계발에 광범위한 유익을 끼친다는 것이 확인되었다. 나는 이 책을 읽으면서 내가 손녀딸들과 함께 쓰고 있는 감사일기가 교육적으로도 효과적인 선택이었음을 확신하게 되었다.

"할머니 닮아서요"

감사는 부정적인 마음을 긍정적으로 바꾸어 관계를 더욱 좋게 만든다. 내가 사람들에게 손녀딸들을 3년째 가르치고 있다고 말하면 그들은 놀란다. 공부를 가르치면 얼마 못 가서 서로 원수가 되기 쉬운데 어떻게 그렇게 길게 할 수 있냐고 말한다. 내가 손녀딸들이랑 사이가 좋아서 카카오톡은 물론 데이트도 하고, 여행도 다

닌다는 이야기를 하면 더욱 놀라면서 "너무 행복한 할머니다"라고 말하며 부러워한다. 나도 그 점에 늘 감사하게 생각한다. 우리 손녀딸들이 너무 기특하고, 그것만으로도 대단한 아이들이라고 생각한다.

나 역시 예전엔 공부를 가르치다 화도 내고 아이에게 상처 주는 말도 했다. 그럼에도 불구하고 여전히 아이가 할머니와 공부를 계속하고 싶은 이유에는 여러 가지가 있겠지만, 그중 하나가 감사일기를 쓰는 것이 아닐까 한다.

하루는 잠자리에 들어서 오늘 하루를 돌아보며 감사일기를 적다가, 둘째 손녀딸이 "얼른 여행가는 내일이 왔으면 좋겠어요. 오늘 공부하기 싫어요"라고 했는데 마음을 받아주지 못한 것이 마음에 걸렸다. 그런데도 불평하지 않고 마음을 다잡고 오늘 공부를 잘 해준 것이 너무 고맙기도 했다.

그래서 마음을 전해야겠다는 생각으로 카카오톡으로 메시지를 보냈다. "힘들었을 텐데 오늘 할머니 믿고 공부 잘해주어 고마워. 이번 주도 수고했고, 실력도 많이 늘어난 것 같아. 열심히 하는 모습만으로도 이미 훌륭해." 그랬더니 놀라운 답이 왔다. "할머니 덕에 공부를 잘하는 거예요." 그래서 내가 "지원이가 할머니 손녀딸이라서 넘 감사하고 행복해. 어쩜 말을 이리 예쁘게 하냐?"라고 보냈더니 "할머니 닮아서요"라고 답을 했다. 감동이었다. 우리는 서로 하트를 수없이 뿅뿅 날리는 것을 반복하다가 행복하게 잠들었다.

감사는 행복을 퍼뜨리는 바이러스

감사일기를 쓰면서 맞은 또다른 변화는 아이의 입장을 이해하게 되고 감사가 절로 나온다는 점이었다. 이 감사를 아이에게 전하자 아이는 어려운 과제를 거뜬히 해내게 되었다.

첫째 손녀딸은 수학에서 계산 실수가 쉽게 고쳐지지 않고 같은 유형의 문제를 계속해서 틀렸다. 나는 이것을 고치기 위해 풀이 과정을 적는 '풀이 노트'를 적용했다. 풀이 노트를 보면 어디에서 실수가 있는지, 어떤 개념이 부족한지, 어느 부분에서 잘못 풀었는지를 알 수 있기 때문이다. 본인도 그 부분에 대한 지각이 일어나면 실수도 줄이고 학습 효과도 크리라 생각했다. 아이에게 대략적인 설명을 하고 노트에 그 과정을 적으면서 풀도록 했다. 아이 입장에서 보면 꽤 귀찮은 일인데도 아이는 "그렇게 할게요"라며 계속 했다.

그러다 감사일기를 쓰면서 생각하니 가원이가 어쩌면 힘들어할지도 모르겠다는 생각이 들어 다음과 같이 카카오톡으로 문자를 보냈다. "오늘 노트에 푸는 것 힘들지 않았니? 할머니가 이야기하면 불평도 안 하고 믿고 그대로 해내는 우리 가원이 대단하고 기특해. 그리고 할머니 믿어줘서 넘 고마워. 지금은 힘들겠지만 그 노력은 네게 남을 거니 좋은 결과가 있게 될 거야. 잘 해나가는 과정만으로도 넌 이미 훌륭해. 사랑한다." 그러자 손녀딸은 이런 문자를 답신으로 보내왔다. "네, 할머니. 다 나중에 도움이 되기 위해서 한다는 거 잘 알고 있어요. 나중에 힘들지 않으려면 지금 더 열심히 해야 한다는 것도요. 그리고 항상 공부 잘할 수 있게 도와주서서 감사해요." 감동을 받은 나는 이렇게 답을 보냈다. "우리 가원이 어쩜 생각도 말도 이렇게 훌륭하고 예쁘냐? 이러니 할머니가 힘이 안 나겠냐? 넘 고맙고 사랑한다. 가원이 덕분에 오늘 하루도 행복한 날이다. 너도 즐겁고 행복한 날 되길!" 물론 이후에 손녀딸은 힘든 풀이 노트를 잘 해내었다.

먼저 감사해하는 부모가 되자

아마도 대부분의 부모들은 자녀가 감사해할 줄 아는 사람으로 자라길 바랄 것이다. 감사가 바른 인성의 기본이며, 감사에서 배려가 나오고, 감사를 통해 긍정적인 정서가 길러짐을 알기 때문이다. 내 아이가 감사해할 줄 아는 바른 아이가 되기를 바란다면 먼저 부모가 감사해할 줄 아는 사람이 되는 것이 먼저다. 감사해하는 부모 밑에서 감사해하는 아이가 자라는 법이다.

내가 먼저 표현한 감사가 나와 상대방을 행복하게 만들고, 그것이 또 다른 감사와 행복으로 이어지는 선순환이 이루어지는 것이다. 일상 속에서 부모가 먼저 감사를 표현하자. 그리고 감사일기를 써보자. 처음 시작할 때 하루에 3~5개씩 주 3~4회 아이와 함께 감사일기를 써보자. 가능하면 일주일에 한 번 그 감사일기를 나누는 시간을 가져보는 것도 좋다. 감사일기가 어렵다면 가끔 감사 편지를 써보도록 하자.

내용으로는 처음에 나, 가족이나 주변 사람들로부터 시작해 익

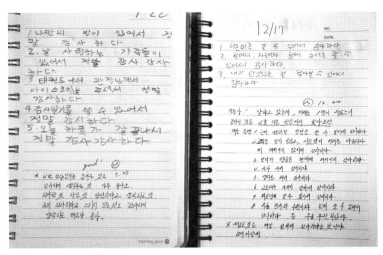

지원이와 가원이의 감사일기

숙해지면 내가 지닌 물건, 누리는 환경 등 점차 범위를 확대해나가는 것이 좋다. 세상을 바라보는 시야가 넓어지고 세상이 감사할 일로 가득 차게 될 것이다. 어떤 악조건에서도 감사의 지혜를 찾아낼 것이다. 이런 사람이 성공하고, 행복해지는 것은 당연한 보상이다.

최악의 성장 환경에서도 세계적인 방송인으로 성공한 오프라 윈프리(Oprah Winfrey)도 감사일기를 쓰고 있다고 알려져 있다. 사랑하는 아이와 함께 감사일기를 오늘부터 시작해보자. 자신에게 없는 것, 못 가진 것에 대한 원망보다는 자신에게 있는 것, 가진 것을 찾아서 그것에 감사해하는 감사의 지혜를 얻을 수 있도록 말이다.

남을 돕는 게 바로 자신을 돕는 것

자기밖에 모르는 아이들?

코로나19 이전에는 대부분의 학교에서 연말이면 교육적 차원에서 불우이웃을 돕기 위해 이웃사랑 저금통을 나눠줬다. 한 달 이상 기간을 주고 저금통에 동전을 모아 불우이웃을 돕는 가치 있는 일을 하자는 의도다. 물론 요즘은 가정에서 동전을 구하기 어렵기도 하지만 해가 갈수록 자발적으로 참여하는 학생 수가 줄고 있다.

선생님들은 불우이웃 돕기를 하는 데에 아이들을 참여시키기가 쉽지 않다고 한다. 때로는 이웃사랑 저금통을 나누어줄 때 "귀찮게 왜 이런 것을 해요?"라고 대놓고 불평하는 아이도 있어 깜짝 놀라고 당황스럽다고 한다. 왜 불우이웃을 도와야 하는지 설명하고 아이들을 간절히 설득해 그나마 참여시킨다고 한다. 아이들에게 사정하며 참여시키다 보면 자괴감마저 든다고 한다.

불우이웃 돕기 바자회의 경우 예전엔 아이들 스스로 기꺼이 판매 금액을 전액 기부했지만, 요즘은 많은 학교에서 판매 금액의 일부만 기부하는 형태로 바뀌었다. 판매 금액을 자신이 가지고 일부만 기부하도록 해야 그나마 아이들이 적극적으로 참여하기 때문이다. 그래서 점차 많은 학교에서 이런 행사를 폐지하고 있다.

예전에 비해 경제 사정이 훨씬 나아졌는데도 불구하고 왜 이런 현상이 생겼을까? 빠르게 변화되고 있는 현대 사회에서 자라나는 아이들은 치열한 경쟁 속에서 살아남기 위해서 이웃을 생각하기보다는 나를 먼저 생각하게 되기 때문이 아닐까? 또한 가족의 형태가 핵가족화가 되고 자녀 수도 하나거나 많아야 둘이 되면서 가정의 중심이 아이들 위주로 돌아간다. 그리고 이웃과의 소통이 거의 없는 아파트와 같은 주거 환경 속에서 자연스럽게 개인주의, 이기주의 경향이 나타났을 것으로 추측한다.

그렇다고 해서 이기적인 것이 당연한 현상이라고 생각하고 받아들여야 할까? 이웃에 별 관심 없이 나만 잘살면 된다고 생각하는 것도 그냥 두어야 할까?

기부도 가르쳐야 한다

우리 누구도 혼자서 살아갈 수 없다. 이웃과 관계를 맺고 살아가야 하는 만큼 이웃의 행복이 자신의 행복에 영향을 미치게 마련이다. 나는 이웃의 어려움을 아는 아이들이 행복한 사회를 만드는,

쓸모 있는 일꾼이 된다고 믿는다. 시대적 현상에서 개인주의, 이기주의가 자연스러운 경향이기에 교육적 의도를 가지고 나눔의 가치를 부모와 교육자인 어른들이 다 함께 가르쳐야 한다고 확신한다.

그런 기회를 갖지 못하면 여유가 있더라도 다른 사람을 돕겠다는 마음을 내기가 어렵다. '제 논에 물 대기'라는 속담도 있듯이 일반적으로 사람들은 자기의 이익을 먼저 생각하고 행동한다. 또한 경제적 여유가 있을지라도 선뜻 기부하기 쉽지 않다. 그래서 우리는 자신의 이익을 추구하지 않고 어려운 상황에 있는 이웃을 돕기 위해 적극적으로 도움을 준 사람들에게 감동하는 것이며, 넉넉하지 않은 형편에도 다른 사람을 돕거나 거액을 기부하는 사람들을 존경하는 것이다. 예컨대 시장에서 김밥 장사를 하며 모은 전 재산을 학교에 기부한 김밥 할머니나 수년간 연말이 되면 어김없이 수천만 원씩 기부해온 익명의 기부 천사의 사례를 뉴스에서 접하곤 크게 감동한다. 미담처럼 전해지는 이들의 기부가 부자들의 통 큰 기부보다 몇십 배 더 가치 있다고 느껴지기 때문이다.

마음이 부자여야 진짜 부자

2015년 1월 21일, 〈중부매일〉에는 부부가 1억 원을 기부해 아너 소사이어티(Honor Society) 회원이 된 이태희 진주산업 회장의 인터뷰 기사가 실렸다. 이 회장은 "대학생인 아들에게 어린 시절부터 아이들 저금통에 돈이 모이면 기부하도록 했다. 기부는 가정교육과 밀접한 관련이 있는 것 같다. 아이들이 어렸을 때부터 기부에 대해 대화를 나눴다. 혜능원에 가서 아이들과 봉사활동도 하고 기부도 했다. 어려운 사람들과 함께 산다는 마인드를 가져야 한다. 남을 배려할 줄 모르면 사회적으로 도움이 안 된다고 생각한다"라고 말했다.

나 역시 이분의 생각에 전적으로 공감한다. 기부는 꼭 돈이 아니더라도 재능으로도 할 수 있는 것이다. 어린아이라도 외롭고 어려운 환경에 있는 동생들에게 동화책을 읽어준다든가, 같이 보드게임을 한다든가, 축구나 농구 등 운동을 하면서 마음을 나누는 기부 등을 할 수 있다. 이웃을 배려하고 마음을 나누는 마음의 부자는 누구나 다 가능한 것이다. 자신의 전 재산을 기부하거나 익명으로 큰돈을 기부하는 것은, 그들이 부자이기 때문에 가능한 것이 아니라 더 큰 마음의 부자이기 때문에 가능한 일이다. 따라서 사랑하는 우리 아이들이 행복한 아이로 성장하도록 하기 위해 어릴 때부터 의도적으로 기부를 가르쳐야 한다. 그리고 부모와 함께하는 실천을 통한 배움으로 이어져야 할 것이다.

나는 손녀딸들이 어려운 이웃에 대해 생각하고 남과 나누는 기부의 가치를 알게 되도록 가르치고 싶었다. 그래서 월드비전에서 제공한 빵 저금통이 다 채워졌을 때 유치원생 두 손녀딸과 함께 저금통을 들고 월드비전 동부지부를 방문하고 같이 교육을 받았다. 그 당시 아이들은 교육 내용보다 그곳에서 주는 간식에 더 관심이 있었지만 그러한 세계에 대해 보여주는 것에 의의를 두었다. 그 후 초등학교에 들어가면서 손녀딸들을 아프리카의 후원 아동과 연계해주었다. 물론 아직은 매달 후원하는 돈은 내가 부담하고 있지만 중학생이 되면 한 달에 오천 원씩 용돈에서 보태기로 해 큰 손녀딸은 현재 그렇게 하고 있다.

퇴직하면서 월드비전을 통해 캄보디아 상큼트머이 마을 '순수 도서관' 설립을 후원했다. 어려운 지역에 학교나 도서관을 설립해주어도 몇 년이 지나면 운영 경비 지원이 되지 않아 폐허가 되는 경우를 많이 보았다. 그래서 도서 확충과 운영비를 지원해주고자 나와 지인들이 후원회를 만들어 매년 후원하고 있는데 손녀딸들도 용돈에서 조금씩 후원하고 있다. 코로나19 상황이 끝나고 여행이 가능해지면 두 손녀딸을 데리고 그곳을 방문할 예정이다.

나눔의 지혜가 삶을 가치롭게 만든다

얼마 전 아이와 독해 문제집을 풀다가 다음과 같은 이야기의 지문을 보았다.

한 나그네가 눈보라 치는 가파른 산길을 걷고 있었다. 좁고 험한 산길에 세찬 바람까지 몰아쳐, 산길에 익숙한 나그네도 쉽게 속도를 낼 수 없었다. 산 정상에 이르렀을 때, 나그네는 앞서가는 한 남자를 보았다.

"어디로 가십니까?"

나그네의 목소리에 인기척을 느낀 남자는 반가운 얼굴로 대답했다.

"산 아랫마을에 갑니다. 당신은 어디로 가십니까?"

나그네가 자신도 산 아랫마을에 간다고 대답하자 남자의 얼굴에 미소가 퍼졌다. 두 사람은 서로 만나게 된 것을 기뻐하며 나란히 걷기 시작했다. 산 중턱에 이르렀을 즈음, 나그네는 눈 위로 솟아오른 무언가를 보았다. 놀랍게도 그것은 사람의 발이었다. 나그네와 남자가 쓰러진 사람에게 다가가려는 순간, 그의 발이 움직였다. 그는 살아 있었다.

"정신 차리세요! 이대로 있다가는 죽어요."

나그네가 쓰러진 사람의 몸을 흔들었지만 그 사람은 얕은 숨을 내쉴 뿐 정신을 차리지 못했다.

"이분을 모시고 내려갑시다. 우리가 모른 체한다면 이분은 분명 죽고 말 것이오."

그러자 남자는 고개를 저으며 대답했다.

"안 돼요. 우리도 죽을지 살지 모르는 판에 누구를 도와준다는 말이오? 자칫하면 우리까지 얼어 죽을 수 있어요!"

남자는 뒤도 돌아보지 않고, 혼자 산 아래로 내려갔다. 나그네는 쓰러진 사람을 등에 업었다. 가파르고 미끄러운 길을 쉬지 않고 걷느라 몸이 땀에 흠뻑 젖었다. 어느 순간 마을이 보이기 시작했고 나그네는 안도감에 마을을 둘러보다 마을 입구에 한 사람이 쓰러져 있는 것을 보았다. 가까이 가보니 혼자 먼저 산을 내려갔던 그 남자였다.

나눔의 의미를 가르칠 수 있는 좋은 기회가 될 것 같아 손녀딸과 지문과 관련된 이야기를 했다. "이 이야기에서 말하고자 하는 것이 무엇일 것 같아?" "그야 자기 혼자만 살겠다고 먼저 산을 내려갔던 사람은 결국 죽었고, 힘들지만 쓰러진 사람을 업고 간 사람은 살았다는 이야기죠. 그러니까 어려운 사람을 도와주라는 이야기잖아요." "맞아. 우리 지원이 잘 이해했네. 자신만 살겠다고 혼자 갔던 사람은 추위를 이기지 못하고 죽었지만, 쓰러진 남자를 업고 가던 나그네는 힘이 들어서 땀과 열이 났겠지. 그 열 때문에 죽어가던 사람의 꽁꽁 얼었던 몸이 서서히 녹아 정신이 들었을 거야. 그러나 남자를 업고 가던 나그네는 기운이 빠져서 쓰러질 지경이 되었어. 정신이 든 그 남자가 이번에는 나그네를 부축했고 두 사람은 서로 도우며 길을 내려올 수 있었던 거야. 결국 남을 위하는 것이 나를 위하는 것이 되었다는 이야기야."

내가 좀 더 상세히 설명해주자 지원이는 곰곰이 생각하는 표정으로 고개를 끄덕였다. "혼자 살아가는 세상이 아니야. 나만 살겠다고 다른 사람은 어떻게 되어도 상관없다고 생각하는 사람은 지금 당장은 좋을지 모르지만, 결국은 좋은 결과를 가져오지 못하는 거야. 할머니는 지원이가 남을 배려하고 어려운 사람을 기꺼이 도와주는 그런 사람이 되었으면 좋겠어." "알겠어요, 할머니. 저도 어려운 사람을 도와주도록 할게요."

함께 사는 일의 가치를 잃어버린다면 아이들이 맞이할 미래의 시간들은 행복해지기 어려울 것이다. 나눔의 지혜가 내 삶을 의미 있고 가치롭게 만든다는 것을 부모들이 훨씬 더 많이 알려주고 이야기해주어야 할 이유가 여기에 있다.

매일, 조금씩, 천천히

운동과 예술은 마음의 필수 비타민

평생 친구, 운동과 예술

인생을 행복하게 잘 살기 위해서 필요한 요소에는 여러 가지가 있겠지만, 나는 그중에서도 평생 친구처럼 함께해야 할 운동과 예술 활동을 꼽고 싶다. 더욱이 고령화 시대를 맞이한 지금은 이 두 요소가 더욱 중요해졌다고 생각한다.

운동과 예술을 배우는 적기는 언제일까? 물론 시간 여유가 많은 시기가 된 후 시작해도 되겠지만, 나는 가능한 한 어린 시절부터 가르칠 것을 권하고 싶다. 어릴 때 기본을 다져서 일생 동안 함께 가는 취미 활동으로 자리 잡는다면 인생이 훨씬 더 풍요로워지는 것을 지인들의 모습에서 확인할 수 있었기 때문이다.

앞서 이야기했던 조벽 교수의 《인재 혁명》에서 체육과 예술 활동의 효과에 대해 다음과 같이 이야기하고 있다.

체육을 통해 평생 건강할 수 있는 기본 습관을 갖추고 팀워크의 기술과 역할의 책임감을 갖추게 되고, 음악을 통해 리듬과 패턴과 하모니를 배우고 이성과 다른 감성의 차원을 느끼고 미세 운동 능력도 개발하고, 미술을 통해 시각과 감각의 엄청난 세계를 발견하고 상상하고 눈을 뜹니다.

— 조벽, 《인재 혁명》, 해냄, 2010, 78쪽

최근까지 운동의 중요성은 주로 신체 발달, 건강 유지, 팀워크를 통한 사회성 발달, 에너지 발산으로 인한 심적 안정성 유지, 스트레스 해소 등으로 지적되어왔습니다. 운동신경을 관장하는 소뇌 역시 크게 손상된들 생명이 위태로워지지도 않고 전반적인 마비 상태로 이어지지 않기 때문에 그렇게 중요하게 인식되어 오지 않았습니다.

하지만 과학적인 두뇌연구로 인해 소뇌와 운동의 중요성이 새롭게 이해되고 있습니다. 최근 두뇌연구에 의하면 소뇌는 추상적인 개념을 순차적으로 정리하는 능력과 연관되어 있으며, 시각적 정보를 종합적으로 처리해 학습이 효과적으로 이루어지도록 돕습니다. 또한 소뇌는 감정을 느끼는 데도 관련되어 있는데 특히 두려움과 즐거움에 영향을 미치며 주의력과도 연관됩니다.

즉 소뇌의 성숙이 나머지 두뇌를 더 효과적으로 만들어준다는 것입니다. 이 소뇌는 청소년기에 운동을 할 때 제일 많이 성숙해진다고 합니다. 그러니까 초중고 시기에 운동을 시키지 않고 다른 것을 할 여유가 없다는 핑계로 공부만 시키는 것은 장기적으로 매우 큰 역효과가 나는 학습법이라는 것입니다.

— 조벽, 《인재 혁명》, 해냄, 2010, 121쪽

우리는 운동과 예술 활동이 우리의 건강과 정서 활동에 필수적인 요소가 된다는 것을 주지하고 있다. 그래서 대부분의 부모들은 초등학교 이하 어린이들의 필수 교육이 예체능 활동이라고 생각한다. 그래서 요즘 아이들은 예전에 비해 더 많은 것을 해야 하고, 바쁘게 생활하게 되는 것이다.

그러나 아이들이 이 활동을 즐기고 좋아하지 않는 경우에는 학습과 함께 두 가지를 지속해나가기 어렵다. 공부도 잘하고, 운동과 악기 하나쯤은 취미 생활로 즐길 줄 아는, 그런 여유 있고 멋진 아이로 키우고 싶은 부모의 욕구를 다 채워주는 아이는 드문 것이다. 이런 이유 때문에 초등학교 고학년이 되면 체육과 예술 활동은 우선순위에서 밀려나고, 중학교에 들어가면 이제는 공부에 집중해야 할 시기라고 생각해 그만두는 경향이 있다.

그러나 나는 조벽 교수의 말처럼 운동과 예술 활동은 청소년기에 더욱 필요한 것이라 생각한다. 그래서 시간이 부족하다면 횟수를 줄여서라도 지속적으로 해나가는 것이 좋다고 생각한다. 따라서 중학생이 된 큰 손녀딸에게도 피아노와 운동을 권장해 계속하게 하고 있다.

운동과 예술 활동은 멘탈의 힘, 즉 심력을 키운다

운동과 예술 활동이 어느 정도 자리 잡기 위해서는 꾸준한 연습과 반복이 필요하며 지루하고 힘든 과정을 거쳐야 한다. 포기하지 않고 지속적으로 해내기 위해서는 자신을 조절하고 극복하는 힘이 있어야 한다. 그래서 힘들어하거나 싫어한다고 해서 당장 그만두게 하는 것보다 설득하고 지지해주는 과정을 통해 아이가 어려운 시기를 잘 이겨낼 수 있도록 지켜보는 노력 또한 필요하다. 아이들은 이러한 과정을 통해 어려움을 극복하고, 인내하는 마음의 힘이 길러지는 것이다.

또한 최근에는 맞벌이 부부가 증가하고 자녀 교육에 대한 관심이 높아져서 초등학생은 물론이고 미취학 아이들조차 영어, 수학, 논술 등의 사교육 시장으로 내몰려 스트레스에 시달리고 있다. 아이들의 스트레스를 해소하고 정서적인 안정을 이루는 데 운동과 예술 활동은 도움을 줄 수 있다. 편안하고 안정된 마음은 세상을 보는 시각을 긍정적으로 만들고, 타인과의 관계에서도 공감과 수용적 태도를 가지게 한다. 그러나 이처럼 좋은 영향을 준다 할지라도 부모의 지나친 욕심으로 인해 강압적으로 이루어질 경우에는 더욱 스트레스를 과중시킬 수 있음을 잊지 말자. 아이의 성격, 적성이나 희망을 고려해 적합한 운동이나 예술 활동을 선택해 즐길 수 있도록 하는 것이 중요하다.

0교시 체육 활동이 뇌를 최적화한다

운동이 체력을 향상시키고 스트레스를 해소시켜 건강한 생활을 영위하게 하는 것은 주지하고 있는 사실이다. 그런데 최근 많은 연구에서 두뇌와 정신 발달에도 영향을 준다는 사실이 알려졌다.

인간의 두뇌 발달 및 정신 장애를 연구하는 응용학습심리학자 존 메디나(John Medina)의 《브레인 룰스(brain rules)》에서는 신체 활동이 두뇌와 정신의 발달에 끼치는 영향을 연구한 의사이며 과학자인 앙트로네트 얀시(Antronette Yancey) 박사가 자신의 연구 결과를 토대로 다음과 같이 말했다.

> 신체 활동을 꾸준히 해온 아이들은 그렇지 않은 아이들에 비해 주제에 더 잘 집중합니다. (중략) 교실에서 파괴적인 행동도 훨씬 덜 합니다. 그리고 자신에 대해서도 더 긍정적으로 생각하며, 자존감도 높고, 우울감이나 불안감도 덜 느낍니다. 우울감과 불안감은 학업 성적과 주의력을 떨어뜨릴 수 있죠.
>
> – 존 메디나, 《브레인 룰스》, 서영조 역, 프런티어, 2009, 39쪽

운동이 뇌의 기능을 최적화해 학습 및 정서 활동에도 도움을 준다는 사례는 한때 열풍을 일으켰던 존 레이티(John Ratey)·에릭 헤이거먼(Eric Hagerman)의 《운동화 신은 뇌》에서도 다음과 같이 잘 나타나 있다.

> 네이퍼빌 센트럴 고등학교는 일리노이주 시카고 서쪽의 약간 높은 지대에 위치해 있는 학교로 0교시 체육 수업을 실시한 후 학생들의 학업 성취도가 높아졌다는 것이다. 또 하나의 사례는 미주리 캔자스시티에 있는 우드랜드 초등학교이다. 이 학교는 거의 모든 학생들이 정부로부터 급식비를 지원받을 만큼 경

제적인 형편이 좋지 않은 학생들이 다니는 곳이다. 2005년 이 학교는 일주일에 한 번이던 체육 시간을 대폭 확대해서 매일 45분씩 실시했고, 수업 내용도 유산소 운동에 초점을 두었다. 그렇게 1년이 지나자 학생들의 건강 상태가 급격히 좋아졌고, 학교폭력 사건도 전년도 228건에 비해 95건으로 대폭 줄어들었다는 것이다.

— 존 레이티·에릭 헤이거먼, 《운동화 신은 뇌》, 김영보 역, 녹색지팡이, 2009, 53쪽

0교시 체육 활동이 수업에 효과적이라는 사실은 그 당시 '1·2교시가 체육이면 아이들이 아침부터 힘이 빠져서 그다음 시간의 수업에 방해가 된다'라고 생각했던 교사들의 생각에 반하는 것이라 놀라웠다.

예술 활동은 학업 성취에도 효과적

정서 지능이란 타인의 감정과 정서에 공감할 줄 아는 능력을 말한다. 정서 지능이 높은 사람(공감 능력이 발달된 사람)은 상대의 감정을 잘 읽어내며 상대가 원하는 것을 쉽게 파악해낸다. 따라서 잘 발달된 정서 지능은 좋은 인간관계의 원천이 된다. 공감은 감성에서 나오는 것이기에 예술 활동을 통해 감성을 발달시키면 공감력을 향상시킬 수 있다.

이러한 능력은 국어 학습에도 큰 영향을 준다. 학습 전문가이자 교육 멘토인 임작가는 《완전학습 바이블》(임작가, 다산에듀, 2020)에서

국어 완전학습의 한 요소인 독해력을 키우기 위해서는 정서 지능을 잘 계발해주는 것이 중요하다고 했다. 그 이유는 독해를 잘하기 위해서는 글에 쓰여 있는 주요 정보를 확인하는 것은 기본이고 글 속에서 필자가 어떤 감정을 가지고 그런 표현을 했는지 느낄 수 있어야 하기 때문이라고 했다. 국어를 잘하기 위해서는 상대방 중심으로 느끼는 공감 능력이 필요하다는 것이다.

박남예의 《악기를 배우는 아이는 왜 공부도 잘할까?》에서는 예술 교육의 효과에 대해 다음과 같이 이야기하고 있다.

> 예술 교육을 받은 학생들과 받지 않은 학생들을 비교한 연구에 따르면 예술 교육이 학업 성취에 매우 중대한 영향을 미친다는 결과가 나왔다. 네 살 때 피아노 교육을 받은 아이는 여섯 살 때 문제 해결 능력이 많이 향상된 것으로 나타났다. 예술 교육은 다른 교육으로는 일어나지 않은 방식으로 신경 연결망을 발달시키기 때문에 어린 시절 예술 교육을 많이 받은 사람은 그렇지 못한 사람에 비해 문제를 풀어내는 능력이 뛰어나다는 것이다. 예술 교육을 많이 받은 사람은 문제를 풀 때 두뇌의 어느 한 부분만 움직이는 것이 아니라 여러 부분을 함께 작동시키는 것으로 밝혀졌다.
>
> – 박남예, 《악기를 배우는 아이는 왜 공부도 잘할까?》, 아주 좋은 날, 2013, 207쪽

교육에 있어서 운동과 예술 활동의 중요성을 반영해 외국의 명문 학교에서는 물론, 우리나라의 자율형사립고등학교나 특수목적고등학교 등에서도 모든 학생이 재학 중에 운동 하나, 미술이나 음

악 분야 중 하나를 의무적으로 익히도록 하고 있다. 그리고 이러한 경향은 일반 학교에서도 점차 확산되고 있다.

두 손녀의 운동과 예술 활동

감성을 발달시키고 정서적인 안정감을 느끼게 해주기 위해서는 아이들이 운동이나 예술 활동을 즐길 수 있어야 한다. 그리고 아이들이 자연스럽게 즐길 수 있게 하는 분위기는 가정 안에서 이루어져야 한다. 우리집의 경우 운동은 평소에 어느 정도 아이들과 함께 즐기기는 했지만 예술 활동은 거의 이루어지지 않는 분위기였다. 집에서 악기를 다룰 줄 아는 사람이 한 명도 없었다. 그래서 첫째 손녀딸이 피아노를 배울 때 기쁜 마음으로 피아노를 사주었지만 지금은 거의 장식품 수준이다. 그래도 아이가 어쩌다가 쉬는 시간에 피아노를 치는 모습을 보면 참으로 흐뭇하다.

첫째 손녀딸은 초등학교 2학년 때 바이올린을 시작했고, 3학년 때 바이올린으로 학교오케스트라에서 1년 동안 활동했지만 스트레스를 많이 받아서 그만두었다. 피아노는 문화센터에서 하다가 고학년이 되어서 비교적 저렴한 주 2회 개인 레슨으로 전환했다. 둘째 손녀딸은 악기를 좋아하지 않아서 성악도 맛보게 했지만 지속되지 않았다. 그렇지만 미술은 좋아해서 몇 년 동안 그림과 소품 만들기를 즐겁게 하고 있다.

중고등학교에서의 수행평가에도 필요하기에 기본만 하자고 하면서 두 손녀딸들이 집에서 연습하지 않아도 그냥 두었다. 당연히 발전이 느릴 수밖에 없지만 '매주 두 번씩 접하는 것으로 얻어지는 것이 있으리라' 하고 생각하며 만족하고 있다. 왜냐하면 악기를 다루는 일은 어려움을 극복하고 긴 인내의 시간을 필수적으로 거쳐야 한다는 것을 너무나 잘 알고 있기 때문이다. 앞으로도 아이들이 크게 거부하지 않는다면 계속할 생각이다. 그 어려운 시기를 극복하면 혹시나 좋아하게 될 수도 있다는 작은 희망을 품고서 말이다. 그래서 경제적 부담이 없는 학교 방과후 수업, 문화센터 프로그램을 주로 이용하고 있다.

"건강한 신체에 건전한 정신이 깃든다"라는 말이 있다. 나 역시 그 말에 공감했기에 운동을 아이들 교육의 필수 요소로 생각했다. 가끔 여유가 나면 가족들이 아이들과 함께 운동을 하기도 했다. 그러나 정기적인 운동은 방과후 수업 프로그램이나 근처 학원을 이용했다. 줄넘기, 수영, 자전거, 태권도, 스케이트, 배드민턴, 발레, 요가, 헬스 등 다양한 체육 활동을 접하도록 했다.

현재 중학교에 들어간 큰 손녀딸은 주 2~3회 집에서 30분 정도 운동을 하며 요즘에는 복싱을 한다. 둘째 손녀딸은 운동을 좋아해서 태권도와 발레를 몇 년째 다니고 있다. 그리고 지난 겨울방학을 이용해 두 손녀딸은 방송 댄스를 배웠다. 아이들은 스트레스도 풀 수 있고, 몰입할 수 있는 시간이라고 하면서 즐거워했다.

4장

창의적 인재의 지름길,
자기 관리와 인간관계

매일, 조금씩, 천천히

우리 집에는 고래 세 마리가 산다

칭찬은 아이를 움직이는 동력

서울시교육청은 2021년 10월 15일부터 11월 5일까지 '학교폭력 예방 및 관계회복을 위한 소통·배려·성장 캠페인 공모전'을 실시했다. 이 캠페인은 언어폭력 예방을 위한 '소통의 장(場): 너에게 듣고 싶은 말'을 시작으로 학교폭력 예방 인식 확산을 위한 '배려의 장(場): 학교폭력에 대한 생각 나누기', 생활 속 실천을 교육하기 위한 '성장의 장(場): 카드 뉴스 및 실천 자료집 제작'의 세 가지 영역으로 실시되었다.

대상은 관내 초중등 학생, 학부모, 교사 중 희망자 2,000여 명이었고, 평소에 상대방에게 듣고 싶은 말과 그 이유를 적어 구글 설문지 링크를 제출하는 형식으로 진행되었다. 조사가 끝난 뒤 학생, 학부모, 교사가 듣고 싶은 말을 구분해 대상별 상위 10개가 발표되었다. 그 결과 학생들이 부모에게 가장 듣고 싶은 말은 "우리 아들/딸 정말 잘했어", "항상 사랑한다", "넌 지금도 잘하고 있어" 순이었다. 선생님께 듣고 싶은 말은 "참 잘했어", "괜찮아. 잘하고 있어", "우리 함께 열심히 해보자" 순이었다.

이처럼 아이들이 부모님이나 선생님으로부터 가장 듣고 싶은 말이 칭찬이다. 칭찬은 아이를 움직이는 동력이 된다. 나의 경우도 그랬다. 초등학교 교사였던 나의 아버지는 밖에서는 호탕하고 좋은 분이셨지만 집에서는 매우 엄하셨다. 자상하게 대하시거나 칭찬을 하시는 일은 거의 없었다. 그래서 우리는 엄마랑 웃고 떠들면서 이야기하다가도 아버지가 들어오시면 인사를 하고 모두 자기 방으로 들어가버렸다. 나에게 아버지는 늘 어렵고, 무서운 분이셨다.

그런데 중학교에 들어가서 첫 시험 성적표를 아버지께 보여드렸더니 내 성적표를 보시고 "잘했다"라고 한마디 말을 하셨다. 그 단순한 말을 들은 나는 정말 기쁘고 행복했다. 아버지의 칭찬은 나에게 더 나은 성적을 받기 위해 노력할 수 있는 자신감과 동기를 주었다. 그 결과 어려운 가정 형편으로 사교육을 전혀 받지 못했지만 소위 일류라 불리는 고등학교에 우수한 성적으로 입학할 수 있게 되었다.

칭찬에도 연습이 필요하다

한때는 《칭찬은 고래도 춤추게 한다》(켄 블랜차드, 조천제 역, 21세

기북스, 2003)라는 책이 칭찬의 효과에 대한 열풍을 불러일으키기도 했다. 이제 아이에게 칭찬을 해주는 것이 아이의 긍정적인 발전에 매우 효과적이라는 사실을 모르는 부모는 없다.

비록 칭찬이 아이들을 움직이게 하는 원동력이라 해도, 칭찬에는 연습이 필요하다. 자녀의 잘못된 말이나 행동은 저절로 우리 눈에 띄어 즉각적으로 야단을 치기 쉽다. 그러나 마치 공기의 존재를 우리가 느끼지 못하듯이 잘하고 있는 대부분의 일들은 관심을 가지고 보려 노력하지 않으면 당연한 것으로 받아들여 놓치기 쉽다. 핸드백을 사려고 마음을 먹어야 다른 사람이 들고 있는 핸드백이 눈에 들어오고, 쇼윈도의 핸드백이 보인다. 아기를 낳게 되면 다른 아기들이 눈에 들어오는 것과 마찬가지다. 칭찬할수록 자녀의 칭찬 거리가 더 잘 보이게 된다. 그래서 칭찬의 선순환이 이루어지는 것이다.

같은 칭찬이라도 이왕이면 효과적인 방법으로 하면 더 좋지 않을까? 우리가 흔히 사용하는 "정말 잘했어"라는 칭찬이 언제나 긍정적인 효과로 작용하는 것은 아니다. 이런 칭찬은 대체로 결과에 대한 평가다 보니 아이에 따라서는 부모의 지나친 기대가 부담감으로 작용할 수도 있다. 아이 스스로 기준에 못 미친다고 생각하는 경우에는 도리어 칭찬이 걸림돌로 작용할 수도 있다.

예를 들면 아이가 그림을 그리고 나서 만족하지 못한 상태에서 엄마가 아들을 위로하려고 "잘 그렸어"라고 하면, 아이는 화를 내면서 "잘 그리긴 뭘 잘 그렸어요? 저 위로하려고 하는 거짓말인 줄다 안다고요" 하고 화를 낼 수도 있다. 그렇다면 아이의 감정을 상하게 하지 않고 칭찬이 될 수 있는 말은 어떤 말일까?

구체적으로 마음을 담아서 칭찬하자

앞서 언급한 그림에 대한 평가의 경우, "이 그림의 파란색을 보니까 내 마음이 환해지는 것 같아" 하는 말은 직접적인 칭찬은 아니나 "잘 그렸어" 하는 칭찬의 말보다 훨씬 아이의 마음에 울림이 클 뿐 아니라 긍정적인 피드백도 줄 수 있다.

내 아이들이 초등학교 저학년이었을 때 출근 준비로 늘 바빴던 나는 아침마다 아이들을 재촉했고, 급하다 보니 소리를 지르는 일이 많았다. 그런데 어느 날은 아이들이 기분이 좋았는지 현관문을 열고 "엄마, 잘 다녀오세요"라고 하면서 엘리베이터 문이 닫힐 때까지 손을 흔들어주었다. 그날 나는 출근길이 무척이나 행복했다. 그래서 저녁에 아이들에게 "오늘 아침에 출근하는 엄마를 너희가 엘리베이터 문이 닫힐 때까지 기분 좋게 배웅해줘서 엄마가 하루 종일 기분이 좋았고, 학교에서 모든 일이 술술 풀렸어. 고마워. 정말 행복한 날이었어"라고 말해주었다.

아이들은 자기들이 대단한 일을 한 듯 흐뭇해하고 엄마를 행복하게 해주었다는 데 대해 보람을 느끼면서 좋아했다. 그다음 날부터 아이들은 내가 문밖을 나갈 때마다 신이 나서 배웅을 했다. 슈퍼마켓을 갈 때도, 쓰레기를 버리러 잠깐 외출할 때도 뛰어와서 배웅하는 바람에 나중에는 그렇게 매번은 안 해도 된다고 이야기해줄 정도였다. 나는 "잘했어"라는 간단한 말보다 행복한 마음을 표현하고 칭찬해주는 일이 아이들을 움직이고 변화하게 하는 데 훨씬 효과적임을 알게 되었다.

결과보다 과정을!

칭찬할 때 또 빼놓지 말아야 할 것은 과정을 칭찬해주자는 것이다. 우리는 일의 결과가 좋거나 어떤 일을 성취했을 때 "정말 잘했다"라고 칭찬을 한다. 그러나 일의 결과가 좋지 않더라도, 최선을 다해 열심히 한 과정에 대해 격려해주고 용기를 주어야 한다. 이렇게 결과보다 열심히 한 과정에 대해 칭찬하고 격려해주는 것을 통해 아이들이 다시 도전할 힘이 생기는 법이다. 과정에 대한 격려는 동기 부여로 이어지고, 지금 하는 일에 더욱 몰입하게 하며, 최선을 다하게 한다. 그 결과 성과가 나타나고, 이것이 다시 좋은 결과로 이어진다.

사람은 누구나 다른 사람으로부터 인정받고, 신뢰받기를 원한다. 칭찬과 격려는 "너를 믿고 인정해"라는 메시지를 아이들에게 전하는 것이다. 그러한 메시지를 받은 아이는 당연히 자기 스스로에 대한 인정과 신뢰가 생기게 되고 그것이 자존감을 높이게 되는 것이다. 자신의 잠재적 가능성을 믿고 노력하는 아이가 성공하는 것은 당연한 일이 아니겠는가?

공부할 때 '매조천'을 꾸준히 실천하기가 무엇보다도 어려운 일임을 알기에 나는 그 과정을 잘하고 있는 손녀딸들에게 "매조천을 실천하고 있는 것만으로도 너희는 이미 훌륭해"라고 말해주곤 했다. 또한 어려운 문제를 포기하지 않고 풀어보려고 노력하는 것이 보이면 놓치지 않고 "어려운 문제였는데도 혼자서 열심히 풀어보려고 한 노력이 보였어. 이건 네가 100점 받은 것보다 더 기분이 좋아. 열심히 노력하고, 성장하고 있는 것이 할머니 눈에는 다 보여. 멋지다"라고 했다. 함께 해나가는 과정에서 보여준 작고 긍정적인 모습을 칭찬하고 격려하면서 내 마음을 전했다. 이러한 작은 칭찬과 격려가 모여 큰 밑거름이 되었다고 본다.

매일, 조금씩, 천천히

집에서 치른 1·2주년 기념식과 졸업식

우리집 거실에는 칭찬 기념식이 열린다

내가 중학생이었던 시절에는 고등학교 입시를 치러야 했다. 소위 일류라 불리는 고등학교에 입학하기 위해서 과외나 학원이 성행했지만 가정 형편이 어려운 나는 혼자서 공부하는 수밖에 없었다. 문제집으로 공부할 때 연습장에 문제를 풀고 열심히 쓰면서 중요한 사항을 외웠다. 다 쓴 연습장과 문제집이 한 권씩 쌓일 때마다 내 실력도 같이 향상되는 것 같아 기분이 좋았다. 그래서 중학교 3년 동안 쓴 연습장과 문제집을 버리지 않고 쌓아두었다. 점차 높아지는 연습장을 바라보면 공부가 힘들 때 다시 학습 의욕이 살아나고 힘이 났다. 그 결과 나는 우수한 성적으로 원하는 고등학교에 입학했다.

그래서 나는 자신이 노력한 결과물의 누적을 보는 것은 뿌듯함

1주년 기념식 상장과 상품   2주년 기념식 졸업 전시

을 가져다주고, 자신에 대한 자부심을 키워주며, 긍지를 갖게 한다는 것을 잘 알고 있었다. 나는 손녀딸들에게도 그 기회를 주고자 1·2주년 기념식을 기획했다. 그동안 공부한 것을 전시하고, 매조천 실천 우수 상장과 상품을 준비했다. 가족들의 선물과 축하 케이크도 준비했다. 2주년은 6개월 후 큰 손녀의 졸업식이 있을 예정이어서 다 같이 모여 케이크로 축하하고 맛있는 저녁을 함께 먹었다. 격려 선물은 1박 2일 여행으로 대신했다.

　기념식 준비는 손녀딸들과 함께 그동안 공부한 것들을 영역별로 거실에 전시하는 일로 시작했다. 전시를 준비하는 과정에서 아이들은 예전 것들을 펼쳐보면서 부끄러워하거나 쑥스러워하기도 했지만 나름대로 즐기면서 좋아했다. 나는 아이들에게 물었다. "이렇게 전시한 것 보니까 어때?" "그야 뿌듯하죠." "지원아! 넌 어때?" "저도 그래요, 할머니. 그런데 제가 이때는 이것밖에 못 썼었네요? 지금 보니 조금 웃겨요."

가원이의 졸업장   지원이의 표창장

아이들은 예전의 학습 결과물과 지금의 결과물을 자연스럽게 비교하면서 스스로 발전한 모습에 뿌듯해하는 모습을 보였다. 더욱 중요한 것은 결과물과 상관없이 자신이 노력한 시간을 모아서 눈으로 확인하는 것이 그 자체로 성취감과 자신감을 준다는 것이다. 게다가 그것을 보고 가족들이 감탄하고 칭찬해주니 자존감도 덩달아 높아졌다. 나도 그동안 아이들이 해낸 것을 직접 눈으로 확인하니 보람도 느껴졌다. 이제까지 한 것을 모아서 보니 아이들의 수고가 많이 느껴졌고, 이만큼 따라와준 손녀딸들에게 감사하다는 말이 절로 나왔다.

저녁에 가족 모두 다 모여서 아이들에게 상과 상품을 시상했다.

케이크에 촛불을 붙이고 다 같이 축하 노래도 불러주었다. 가족들은 아이들이 한 것을 보면서 "와! 대단한데! 수고가 많았네. 애썼다"라고 칭찬도 해주었다. 손녀딸들과 나는 물론 가족 모두가 행복했던, 의미 있는 행사였다. 이렇게 가족 행사로 기념식을 하기를 잘했다는 생각이 들었다.

공부는 혼자 해내는 힘

내가 아이들과의 공부를 시작한 것은 2019년 7월 11일부터다. 큰 손녀딸이 4학년, 작은 손녀딸이 2학년이었을 때다. 갑작스럽게 코로나19가 시작되는 바람에 할머니와의 공부는 필수 과정으로 자리 잡았다. 학교 공부와 학원 공부가 어려워졌기에 아들 내외는 나에게 더욱 고마워했고, 아이들도 자연스럽게 잘 따라와주었다.

4학년 방학 때부터 공부를 시작한 큰 손녀딸은 학습에 대해서 그다지 의욕을 보이지 않았고 부모도 그저 아이가 하는 대로 둔 상태라 그 당시 학교 평가는 80점만 맞으면 된다고 생각하고 있었다. 그러다가 나와 공부하면서 평가에 대해 관심을 갖기 시작했다. 4학년 2학기부터는 국·영·수 과목은 단원평가를 위한 별도 공부는 하지 않고 평소 실력으로 시험을 보았다. 다만 사회·과학은 단원평가 전에 교과서 단원 목차를 살펴보고, 학습 목표를 점검하면서 주요 내용을 정리해보는 시간을 가졌다. 문제집은 풀지 않았다. 다행히 부담되지 않는, 한 시간 이내의 공부가 좋은 결과를 나타내자 큰 손녀딸은 서서히 공부 욕심이 생기면서 5학년 2학기부터 자리를 잡았다.

스스로 공부하기 때문에 공부하라는 잔소리를 할 필요가 없었다. 하루에 해야 할 분량을 알아서 자신의 계획하에 잘 해왔다. 반 학기 정도의 수학 선행학습도 사전 학습 없이 문제집의 개념 정리 부분을 읽고 이해해 문제를 풀었다. 이틀에 한 번 틀린 부분의 부족한 개념을 보충해서 설명해주면 되었다. 물론 학교 평가는 알아서 혼자 해나갔고 나는 전혀 관여하지 않았다. 뛰어난 아이는 아니지만 성실해서 상위권을 유지했고 공부에 자신감도 있었고 주변으로부터 인정을 받았다.

큰 손녀딸은 이제 혼자서 스스로 공부할 수 있는 기반이 잡혀서 목표로 했던 자기주도학습을 하는 아이로 잘 성장해주었다. 중학교 1학년은 지필 평가가 없는 자유 학기이므로 좀 더 넓은 세상으로 나가 학원을 경험하는 것도 좋을 듯해 1월부터는 학원 수업을 듣도록 했다. 물론 아이도 원했다. 나는 학원 공부를 자기 것으로 만들기 위한 자기 공부의 중요성에 대해 강조했다.

그리고 공부는 혼자 하는 것이고 필요한 경우 학원이나 온라인 학습을 활용하는 것이 시간적인 측면에서 좋을 것이라는 말도 보탰다. "일 년 동안 경험해보고 어떤 방법을 선택할 것인지는 그 후에 네가 결정해"라고 했다. 그리고 '자기 공부를 위한 팁'을 한 장의 종이에 적어 전해주었다. 초기에는 가끔 실행을 점검해주고 조언도 해주었다.

 **가원이에게 주는 할머니** 　**공부 Tip**

공부를 잘하기 위한 방법

1. 수업 시간에 배운 것
　1) 수업 종이 치면 그날 배울 교과서를 펴서 제목을 본다(예습).
　2) 수업 시간에 열심히 집중해 선생님 말씀을 듣는다(중요한 사항은 공책이나
　　교과서 여백에 메모).
　3) 수업 끝나고 바로 쉬는 시간에 배운 내용을 훑어본다(복습 1).
　4) 집에 와서 그날(또는 그다음 날) 배운 것을 복습한다(복습 2).
　5) 주말에 그 주 공부한 것을 다시 복습한다(복습 3).

2. 교과서 및 문제집 풀이
　1) 교과서가 기본: 목차를 잘 살펴본다.
　2) 교과서는 세 번 사선 그으며 천천히 읽기
　　• 첫 번째: 전체를 천천히 읽기 / 모르는 단어 네모 치기 - 단어 뜻 파악
　　• 두 번째: 중요한 것 밑줄 그으며 읽기(그림, 표까지 잘 살핀다)
　　• 세 번째: 내용을 생각하며 읽기 - 내용 정리해보기
　2) 문제집은 주요 과목은 과목별로 한두 권을 선택해 세 번 복습
　　• 한 문제집 세 번 복습, 두 번째는 틀린 문제 중심으로 복습(왜 틀렸는지
　　　생각해보며 풀기)
　　• 국어, 영어(지문 속에 답이 있다. 글 쓴 사람 입장에서 공감하며 생각하기)
　　• 수학, 과학(구하려는 것은 무엇인가? 주어진 조건은? 어떤 개념과 원리를
　　　활용해 풀면 될까?)

자기주도학습의 기본은 꾸준한 실천

　내가 큰 손녀에게 해주었던 것은 스스로 공부 습관이 잡히도록 가이드를 해준 것뿐이다. 공부는 결국 자기가 원해서, 자기가 필요로 해서 접근할 때 가장 큰 성과를 내고 효용성을 높이는 법이다.

오랜 기간 교직 생활을 하면서 나는 자기주도학습이 가장 바람직하고 좋은 학습법이라는 것을 알았지만 자기주도학습은 꾸준히 해내기가 쉽지 않다는 것도 경험으로 알고 있었다. 그래서 나는 아이들이 부담 없이 지속적으로 할 수 있는 것에 중점을 두었다. 나는 학습에 대해 아이들과 상의를 하고 문제집의 선택권은 아이들에게 맡겼다. 그리고 전반적인 방향과 중심만 내가 잡고 가리라 마음먹었다. 초등학교 자기주도학습은 '매조천 실천'을 통해서 매일 주어진 과제를 알아서 주도적으로 해내는 것을 목표로 했다. 이렇게 공부하는 힘을 길러주면 중고등학생이 된 후 스스로 계획을 세워서 실천하는 자기주도학습을 할 수 있게 된다고 생각하기 때문이다.

자기주도학습은 비단 학습에만 국한되지 않는다. 자기가 주도하는 학습 계획을 세우고 이를 실천하는 일은 앞으로 삶의 전반을 꾸려나가는 데에도 가장 기본이 되는 덕성이다. 자기주도학습이 가능한 아이라면, 앞으로의 인생도 주도적으로 살 수 있을 것이다. 이런 의미에서 1단계 초등학교에서의 자기주도학습을 잘 마쳐준 첫째 손녀딸이 매우 대견하고 자랑스럽다. 앞으로 펼쳐질 자신만의 시간도 주도적으로 잘 헤쳐 나갈 수 있음을 믿고 또 응원한다.

잘 노는 아이가 잘 자란다

혼다와 구글의 경영 실적이 최고인 이유

"열심히 일하고 열심히 논다." 일본 혼다자동차 회사의 창업자인 혼다 소이치로의 경영 신조다. 작업은 정해진 시간 내에 완수하되, 시간 외 노동은 하지 않고, 일단 놀 때는 신나게 놀아야 한다는 것이다. 치열한 경쟁 속에서 다른 기업들이 야근, 특근, 휴가 반납을 외칠 때 혼다는 '빠짐없이 휴가 가기 운동'을 전개했을 정도다.

혼다가 타기업에 비해 근무 시간이 짧음에도 불구하고 높은 경쟁력을 유지하는 이유는 아마도 이런 경영 신조 때문이 아닐까? 즐겁게 일하면 일에 대한 몰입도가 올라가고 당연히 일의 능률도 올라갈 것이기 때문이다. 또한 일에 대한 창의성도 높아져서 높은 성과를 낸다.

구글 직원들은 근무 시간의 20%에 해당하는 시간 동안 마음 내키는 대로 어디든 갈 수 있다. 그 실험을 거친 결과를 요약하면 이렇다. 지메일과 구글 뉴스를 포함해 구글이 내놓은 신상품 중 총 50%가 이 '20%의 자유 시간'에서 나왔다.
– 존 메디나, 《브레인 룰스》, 서영조 역, 프런티어, 2009, 394쪽

나는 공부도 이와 마찬가지라고 생각했다. 노는 시간에 놀고, 공부하는 시간에 공부해야 균형이 잘 맞는다고 말이다. 내가 손녀딸들의 공부를 지도하기로 마음먹으면서 한 가지 철저하게 지키려 한 것도 바로 이 부분이었다. "잘 놀아야 공부가 즐겁다!" 아무리 아이들이 빠른 성과를 보이지 않더라도 나는 이 원칙만은 철저히 지키자고 마음먹었다. 공부는 장기전이고, 또 마라톤과 같으니까 말이다.

주 4일은 공부하고 주 3일은 놀고

잘 놀고 열심히 공부하자고 마음먹고 시작했지만, 손녀딸들과의 놀이에 대한 특별한 계획을 세우지는 않았다. 그저 초등학교 시기에 자유롭게, 충분히 노는 것만으로도 매우 가치 있고 중요하다고 생각했다. 그래서 내가 세운 것은 주 4일은 공부하고 주 3일은 놀기였다. 주중에는 4일 동안 열심히 공부하고 수요일과 주말인 토·일요일에는 공부를 떠나서 자유롭게 하고 싶은 것을 하고 실컷

놀게 했다.

일정을 이렇게 짠 데에는 다 이유가 있었다. 학습의 지속성을 유지하려면 아이들이 쉽게 지쳐서는 안 되었다. 그래서 이틀은 집중하고, 하루는 쉬고, 또 이틀은 집중하고, 주말에는 쉬는 코스를 만들었다. 이에 따라 아이들은 월요일과 화요일에는 하루에 두 시간 공부에 집중했고, 수요일은 마음껏 자기 하고 싶은 일을 하면서 놀았다. 그러고 나서 다시 목·금요일에는 월·화요일에 했던 것 중 중요한 개념을 복습하고, 문제를 푸는 방식으로 나아갔다. 이렇게 하자 아이들은 월·화요일의 공부 스트레스는 수요일에 노는 시간으로, 목·금요일의 공부 스트레스는 주말의 자유 시간으로 날려버렸다.

아이들 역시 '이 정도는 공부해야지'라고 생각했기에 당연한 것으로 받아들이고 잘 따라왔다. 어쩌다 집이나 학교의 행사가 있을 때에는 과목과 양을 줄여주는 융통성을 발휘하기도 했지만 주 4회 공부하는 것은 철저히 지켰다.

책거리와 가고 싶은 곳 가기

아이들은 혼자서도 놀았지만, 나와도 함께 놀았다. 우리가 같이 놀았던 방식은 책거리와 아이들이 가고 싶어 하는 곳을 적어놓았다가 주말에 함께 방문하기 등이었다.

하나의 책이 끝나면 책거리 행사로 시내 나들이를 가서 아이들이 가지고 싶은 간단한 소품도 사주고 맛있는 음식도 먹었다. 그리고 아이들이 가고 싶어 하는 곳에 같이 갔다. 만화방에 가서 조그만 텐트 속에서 둘이 앉아 좋아하는 만화책을 같이 보면서 사발면도 함께 먹었다. 이 나이에 나 혼자서는 하지 못할 색다른 경험이라 나도 좋았다. 미어캣 카페도 가고, 놀이동산도 함께 갔다. 가끔 자유로운 분위기를 좋아하는 둘째 손녀딸과는 분위기 좋은 카페에 가서 책을 읽거나 공부도 했다. 이것을 통해 아이들은 재충전의 기회를 얻었다.

일 년에 한 번씩, 호사를 부리고 싶을 때는 큰마음 먹고 서울 시내 호텔이나 을왕리 해수욕장 호텔 등에서 호캉스를 했다. 지원이는 3학년부터 함께했다. 두 손녀딸들과 호텔에서 지내면서 함께 수영이나 스파도 하고 맛있는 음식을 먹었다. 좋은 호텔에서 잠시 공부는 잊은 채 맘껏 자유로운 시간을 가질 수 있고, 좋아하는 맛있는 것을 먹을 수 있어서 참 좋아했다. 나도 여유로운 상태라 힐링이 되었고, 그로 인해 우리는 더 끈끈하고 애틋한 관계를 가질 수 있었다.

한번은 시내 호텔에서 묵으면서 손녀딸들에게 "매번 할머니가 밥을 샀으니 오늘 점심은 너희가 한번 사주는 게 어때?"라고 해서 아이들에게 대접을 받았다. 자신의 용돈을 쓰면서도 아까워하지 않고 할머니에게 점심을 사주는 것을 뿌듯해하고 행복해하는 아이들을 보면서 나 역시 흐뭇하고 기뻤다. 받는 것도 기쁨이지만 주는 것은 더 큰 기쁨이라는 것을 아이들이 느끼게 되어 자존감을 높여주는 좋은 경험이었다고 생각한다.

여행은 언제나 옳다

여행은 모든 사람, 모든 시간을 통틀어 가장 좋은 기회를 주는 경험이라 생각한다. 그래서 나도 기회가 있을 때마다 아이들과 여행을 떠난다.

여행을 처음 시작한 때가 지원이가 2학년, 가원이가 4학년이었을 때였다. 지원이는 엄마와 떨어져 자는 것이 싫다고 해 처음에는 가원이만 여행에 함께했다. 코로나19가 시작되기 전이었기에 외국 여행은 일 년에 한두 번, 국내 여행은 한 달에 한 번 가자고 계획을 세웠다. '단순히 여행만 하더라도 좋은 추억과 함께 스쳐 지나가는 것 속에서 배움이 있을 것이다'라고 생각했다. 가원이는 워낙 성실하고, 착하고, 다소곳하고, 식성도 나랑 잘 맞아서 둘이서 다니는 게 참 좋았다. 회를 좋아하는 우리는 수산시장에서 회를 떠서 호텔에 와서 편하게 먹기도 했다. 여행지에서 만난 사람들이 손녀딸과 여행하는 내가 멋지다고 말했고, 손녀딸을 예쁘게 봐주었기에 여행하는 내내 기분이 좋았다. 늘 어른들의 칭찬을 듣는 아이도 역시 행복해했다.

국내 여행은 KTX 기차, 카카오택시, 버스, 지하철을 이용했다. 그래서 우리는 교통이 편리한 대도시 중심으로 다녔다. 대도시에는 비용도 절감되고 해설도 들을 수 있는 시내 관광버스가 있어서

적은 비용으로 알찬 여행을 할 수 있었다. 이렇게 해 다녀온 곳이 부산, 경주, 강릉, 목포, 포항, 울산, 수안보, 춘천 등이다. 강릉과 춘천은 지원이도 함께 갔다. 첫 해외 여행은 캄보디아와 러시아를 다녀왔는데 큰 손녀딸과 너무나 행복했다. 새로운 세상에 대한 기대가 컸던 아이는 우리와 다른 문화를 접하는 것을 좋아했는데 그중에서도 전통시장과 음식에 관심이 많았다. 나는 아이에게 용돈을 주고 가족과 친구들을 위한 선물을 자기 마음대로 사라고 했는데 적은 돈으로 많은 것을 살 수 있어서 아이는 정말 신나 했다.

러시아의 횡단 열차를 탄 경험은 우리 모두에게 색다른 경험이었다. 기차를 타고 가면서 해돋이도 보았다. 알고 있지만 부끄러워 말하지 못했던 간단한 영어 표현을 두 번째 러시아 여행에서는 혼자서도 잘하게 되었다. 나는 '아이들 영어 공부를 위해서도 해외 여행을 해야겠구나'라는 생각을 했다. 세 번째 여행으로 유럽 여행을 계획했는데 이는 코로나19로 무산되고 말았다. 내년에는 상황이 좋아져서 갈 수 있었으면 좋겠다.

여행은 손녀딸들에게 그동안 쌓였던 스트레스도 풀고, 힐링하는 좋은 기회였다. 게다가 함께한 추억으로 손녀딸들과의 관계가 더욱 좋아졌다. 나는 할머니와 즐겁게 여행을 함께해주는 손녀딸들에게 감사한다. 손녀딸들은 내 핸드폰에 저장된 대로 '내 인생의 축복 가원이', '내 인생의 기쁨 지원이'임에 틀림없다.

매일, 조금씩, 천천히

원활한 인간관계, 가정에서 시작된다

집단 지성의 힘, 인간관계가 핵심이다

앞서 말했듯, 현대 사회는 고도로 발전하고 복잡해서 혼자 해결할 수 있는 문제가 거의 없다. 따라서 다양한 능력과 지식을 가진 사람들이 함께 팀워크와 네트워크를 이루어 일해야 한다. 다양한 성격과 분야의 사람들이 집단 지성으로 문제를 해결하고 더 나은 방향을 모색해야 한다.

그런데 집단을 이루면 사람들 사이에서 갈등이 생기게 마련이다. 흔히 우리는 "일을 하는 것이 힘든 것이 아니라 특정한 사람들과의 관계가 힘들어서 더이상 일할 수가 없다"라고 이야기한다. 이처럼 사람들 간의 관계는 쉽지 않은 과제다. 하지만 집단 지성이 힘을 발휘하기 위해서는 함께 일하는 사람과 원활한 인간관계를 가지는 것이 중요하다. 우리가 행복해지기 위해서도, 내가 어려움을 당했을 때 주변의 도움과 격려로 다시 일어설 힘을 얻기 위해서도 좋은 인간관계는 필수다.

가정은 인간관계를 배우는 첫 번째 학교

이처럼 중요한 인간관계가 시작되는 곳이 바로 가정이다. 아이는 태어나면서 가족의 사랑과 보살핌 속에서 관계를 맺고 세상을 배운다. 사랑과 보살핌으로 인해 애착을 형성함으로써 자신이 소중한 존재임을 인식하게 되어 자존감이 높아지는 것이다.

불편함을 호소하면 가족이 달려와서 문제를 해결해주는 과정을 통해 다른 사람들에게서 따뜻함과 신뢰를 느끼게 된다. 이것이 타인에 대한 사랑과 존중으로 나타나는 것이다. 그리고 나아가 세상은 살 만하고 좋은 곳이라는 세상에 대한 긍정적인 시각을 갖게 된다.

가정에서 부모가 아이를 대하는 말과 태도에서, 아이에게 보여주는 가족들의 관계 속에서 사람을 대하는 태도를 배우게 된다. 가정 생활 속에서 인간관계를 자연스럽게 배우게 되는 것이다. 그래서 가정에서의 인간관계가 원활해야 한다. 이를 위해서 우리가 알고 노력해야 할 것들이 많이 있겠지만, 이 책에서는 좋은 인간관계를 맺기 위해서 내가 가장 중요하다고 생각했던 '인사'와 '공감 능력'에 대해 이야기하고자 한다.

인사는 보여주면서 가르치자

인사는 사람들과의 관계를 여는 출발점이다. 우리는 처음 만났을 때 인사를 하고 대화를 시작한다. 인사는 그 사람에 대한 첫인상이며 먼저 인사를 하는 것은 상대방에게 먼저 손을 내미는 것이라 할 수 있다. 일반적으로 우리는 인사성이 바른 사람들을 좋아한다. 특히 어린아이가 인사를 잘할 때는 더욱 그렇다. 대체로 인사가 마음을 전하는 행동이기 때문이다.

인사는 상대방에 대한 존중을 나타낸다. 상대방을 존중하고 나를 낮추는 겸손한 모습인 것이다. 그리고 상대방을 중심으로 보는 태도이며 섬김의 모습이다. 겸손한 사람은 개방적으로 누구에게도 항상 배울 마음의 자세가 되어 있다. 이런 사람이 성장하는 것은 당연한 이치다.

아이들의 성격에 따라 다소의 차이는 있겠지만, 인사가 습관이 되지 않으면 잘 모르는 사람에게는 마음이 있어도 쑥스러워 표현하기 어렵다. 그래서 나는 아이들에게 인사가 자동적인 습관이 되도록 가르쳐야 한다고 생각한다. 이런 생각으로 나는 교장으로 재임하던 두 학교에서 아이들에게 서로 인사를 나누는 것을 가르치고자 했다. 또한 교장이 학교를 잘 이끌기 위해서는 먼저 아이들과 선생님들을 존중해야 한다고, 그것을 실천하는 작은 행동이 인사에서 시작된다고 생각했다. 그래서 생각을 행동으로 실천하기 시작했다.

취임 다음 날부터 나는 매일 아침 등교 시간이면 교문에 나가 등

교하는 아이들과 선생님들께 먼저 고개 숙여 인사했다. 처음에는 당황해하는 경우도 많았고, 무시하는 경우도 있었다. 또한 "교장이 오버한다"라고 수군거리기도 했다. 그러나 이러한 행동이 계속되자 점차 나의 진심이 받아들여지고 아이들과 선생님들이 함께 인사를 나누게 되었다. 학교를 방문하는 분들은 아이들이 먼저 인사를 하는 것을 보고 "이 학교 아이들은 참 밝고 인사를 잘한다"라는 칭찬을 하곤 했다.

나는 손녀딸들에게도 인사하는 것을 보여주고 가르쳤다. 이웃, 경비 아저씨, 청소 아주머니에게 먼저 인사를 나누고 아이들에게도 인사를 드리라고 했다. 물론 우리 손녀딸들은 인사를 잘하는 아이들이 되었다. 다섯 살인 셋째 손녀딸도 경비실 앞을 지날 때마다 "할아버지께 인사해야지"라고 하면 "할아버지, 안녕하세요?"라고 하면서 인사를 잘하니 경비 아저씨는 너무 행복해하시면서 아이에게 막대사탕과 과자를 주시곤 한다. 이처럼 인사는 우리의 관계를 좋게 하고 우리를 행복하게 만든다.

역지사지, 공감으로 가는 열쇠

인간관계를 좋게 하기 위해서 또 필요한 것은 공감 능력이다. 인간관계에서 중요한 것은 소통이며 소통이 잘될 때 좋은 관계가 된다. 사람은 소통이 잘되는 사람을 좋아하고 잘 따르기 때문이다. 힘들거나 문제 상황에 있을 때 자신을 잘 이해해주고 자신의 입장을 공감해주는 사람에게서 우리는 힘을 얻는다.

우리가 상대방의 말이나 행동을 이해하고 공감하려면 상대방의 입장에서 생각해보는 것이 가장 빠른 길이다. 상대방의 입장에서 생각해보면 그들의 감정과 정서를 알 수 있다. 그러면 도저히 이해가 안 되고 받아들일 수 없어서 내가 화냈던 것들이 다르게 보이게 된다.

내 입장, 내 생각에서 도저히 이해되지 않았던 것들이 입장을 바꾸어 생각해보면 다르게 보인다. 그러면 이해가 되고 이해가 되면 치솟던 감정도 내려가게 된다. 이런 관점에서 책《마음챙김》에 나오는 사례를 소개하고자 한다.

어느 토요일, 그는 북적거리는 동네 마트에서 물건값을 계산하려고 기다리고 있었다. 에어컨 바람만으로는 열기를 식힐 수 없을 만큼 푹푹 찌는 날씨라 몸은 이미 땀에 젖은 상태였다. 게다가 앞의 여자가 엉뚱한 줄에 서 있는 걸 보자 중위는 속에서 화가 부글부글 끓었다. 여자는 한 가지 물건만 구입했으니 옆쪽 소량 전용 계산대로 가야 했다. 더구나 그곳은 텅 비어 있었다. 여자의 품엔 사내 아기가 들려 있었다. 드디어 여자의 차례가 왔다.

그런데 계산대 직원이 단품을 금전 등록기에 찍을 생각도 않고 아기에게 까꿍, 까꿍 하면서 놀아주기 시작했다. 중위는 씩씩거리며 혼잣말을 했다. "아니, 여기가 무슨 놀이방이야?" 그런데 더 놀랍게도, 앞에 선 여자가 아기를 계산대 직원에게 건네는 것이 아닌가! 중위는 속으로 탄식했다.

"아니, 이 여자가 도대체 뭐 하는 거지? 뒤에 사람이 셋이나 기다리는데, 게다가 애초에 이 줄에 서면 안 되는 거였잖아!"

하지만 그동안 마음 챙김 수행을 해왔기 때문에 분노 폭발이라는 습관적 고속도로에 들어서지는 않았다. 그는 심호흡을 몇 번 하면서 마음을 차분히 가라앉혔다. 분노의 연기가 걷히자 귀여운 사내 아기의 얼굴이 눈에 들어왔다.

중위는 자기 차례가 왔을 때 계산원에게, "아기가 아주 귀엽더군요"라고 말했다. 그러자 계산원은 기쁨에 겨운 눈으로 그를 쳐다보며 말했다.

"아, 그래요? 실은 제 아들이에요." 계산원은 이내 침울한 목소리로 말을 이었다. "작년에 남편이 전투를 수행하다 죽었거든요. 제가 이렇게 돈벌이를 해야 해서 아기와 놀아줄 시간이 별로 없어요. 그나마 친정엄마가 와서 아기를 봐주니까 얼마나 다행인지 몰라요. 제가 일이 늦게 끝나기 때문에 엄마가 매일 아기를 마트에 데리고 와서 한 번씩 만나게 해줘요."

– 샤우나 샤피로, 《마음챙김》, 박미경 역, 안드로메디안, 2021, 67~68쪽

아이의 입장에서 생각하자

내가 초기에는 둘째 손녀딸과 공부하다가 마음이 조급해지고 욕심이 생기면서 아이 탓을 하고 윽박지르거나 감정적인 비난을 해 아이에게 상처를 주었다. 관계도 나빠지고 공부도 힘들어지는 건 당연한 결과였다.

그런데 내가 그러한 행동을 멈출 수 있었던 이유는 '내가 이 정도로 답답하면 본인인 아이는 얼마나 더 답답할까?'라는 생각이 들어서였다. 이런 생각을 하자 아이의 마음이 보였고, 아이의 부정적

인 행동은 그 답답함과 짜증에서 비롯된 것임을 알게 되었다. 이렇게 이해가 되니까 아이가 안쓰러웠고, 아이를 진심으로 도와줘야겠다는 마음이 들었다.

아이의 입장에서 보니 아이의 마음이 보였고 공감해주는 말이 저절로 나왔다. 아이와 나의 스트레스가 줄어들고 마음이 편안해지자 문제의 본질이 보였고 해결점에 대해 생각해보기 시작했다. 나의 지도 방법에 대해 고민하고 새로운 방법을 시도하게 된 것이다. 그 이후 우리들의 관계는 더욱 친밀해지고, 깊어졌다. 그때부터 손녀딸의 공부도 성과를 내기 시작했다.

'공감'을 이끌어내기 위해서는 이처럼 상대방 입장에서 생각해보아야 한다. 모든 일에는 입장의 차이가 있다. '역지사지(易地思之)'는 입장을 바꾸어 다른 사람의 처지를 헤아려보는 것이다. 그러면 이해가 되니까 수용의 폭이 넓어지게 되어 상대방을 무시하거나 비난하는 일이 줄어들 것이다. 자기 절제가 가능해지는 것이다. 그렇다고 상대방의 의견을 무조건 따르거나 내 주장을 포기하라는 이야기는 아니다.

갈등은 생각과 관점의 차이에서 비롯된다

모든 인간관계에서 일어나는 갈등 상황은 생각과 관점의 차이에서 비롯된다는 사실을 이해하고 상대방 입장에서 바라보고 이해해주는 공감 능력을 키워야 한다. 이것은 우리가 먼저 아이들에게 해야 하는 일이다. "내 주장이 옳으니 넌 무조건 따르면 돼"라고 강요하지 말아야 한다. 아이의 입장에서 생각해보아야 하며 아이의 바깥으로 드러난 말이나 행동보다 보이지 않는 감정을 보려고 노력해야 한다. 그 감정에 대해서 공감해주는 노력을 해야 하며 아이의 말을 귀 기울여 들어야 한다. 그래야 말 속에 담긴 마음이 보이게 되며 아이도 부모의 마음을 이해해주고 공감해줄 수 있게 되는 것이다. 그리하면 서로에 대한 사랑과 신뢰가 생기게 된다. 아이와 좋은 관계를 가질 때 아이는 부모의 말에 귀를 기울이게 되는 것이다.

상대방의 말에 귀를 기울이는 아이는 많은 것을 배울 수 있게 된다. 이러한 분위기의 가정에서 자란 아이는 자존감도 높아지며 상대방을 존중하고 배려하는 아이로 자라게 된다. 갈등 상황에서도 상대방의 입장을 헤아리고, 공감을 통해 상대방이 정서적 안정을 찾게 도와줌으로써 서로가 문제의 본질을 보고 해결점을 모색할 수 있을 것이다.

이런 아이가 사회에 나가면 사람들과의 좋은 인간관계 속에서 행복해지게 되고 자신의 역량을 발휘할 수 있다. 다양한 분야의 사람들과의 관계 속에서 생각의 폭을 넓혀 창의적인 인재로 성공적인 삶을 살게 될 것이다.

매일, 조금씩, 천천히

주도적인 아이, 작은 실천부터

헬리콥터 맘과 잔디 깎기 맘

요즘 학교 선생님들은 시도 때도 없이 전화를 하거나 카카오톡을 보내는 학부모들 때문에 근무 시간 후에는 휴대폰을 꺼두고 싶어 한다. 하지만 교사라는 직업의식 때문에 그럴 수도 없어서 여간 불편한 게 아니다. 이러한 상황은 대학에서도 일어난다. 좋은 학점을 달라고 전화를 하고, 강의에 대해 도를 넘는 간섭이나 항의를 하기도 한다. 그리고 해야 할 일을 하지 못한다고 부모가 대신 전화를 하는 경우도 있다.

내가 교장으로 있을 때도 드물기는 했지만, 교사가 직접 이야기해야 할 업무 분장, 담임 배정, 병가, 휴가 등을 부모가 대신 전화로 이야기하는 황당한 경우도 있었다. 심지어 군대에서도 부대의 중대장에게 수시로 전화를 걸어 아들의 일을 일일이 챙기고 문의

하거나 항의하는 경우도 많다고 한다. 이처럼 자녀교육과 관련된 문제에 지나치게 관여하는 엄마를 이른바 '헬리콥터 맘'이라고 부른다.

헬리콥터 맘은 자녀가 성인이 되어서까지 일일이 챙기고 통제하며 간섭하는 엄마를 가리키는 말로 정신과 의사 포스터 W. 클라인(Foster W. Cline)과 자녀교육 전문가 짐 페이(Jim Fay)로부터 비롯되었다. 초등학교 때는 학교에 수시로 연락하거나 학교 일, 숙제, 아이의 친구 관계까지 챙기고, 중고등학교 때는 학교 성적이나 입시 문제를 챙긴다. 대학교 때는 학과 사무실에 전화해 수강 신청이나 학점 문제도 관여한다. 졸업 후에는 일자리부터 결혼 상대자를 알아보는 일까지 마다하지 않는다.

최근에는 자녀를 성공시키기 위해 학교와 취업 현장까지 나서는 엄마를 뜻하는 '잔디 깎기 맘'이라는 용어도 등장했다. 이들은 헬리콥터 맘보다 자녀의 삶에 더 개입하는 엄마를 지칭한다. 〈뉴욕타임스〉는 미국 최고 명문대 학생들의 자살 사건이 급증하면서 그 원인 중 하나로 잔디 깎기 부모들을 거론하기도 했다. 부모의 간섭으로 자립심이 부족해진 상태에서 명문대에 진학했는데, 자신보다 더 뛰어난 친구들과 경쟁하면서 실패를 받아들이지 못하고 자살을 선택한다는 것이다.

부모의 정보력과 경제력이 아이의 실력?

각종 정보가 쏟아지고 다원화되고 있는 현대 사회에서 정보력은 성공을 위한 필수 요소다. 많은 부분에서 전문가들이 등장하고 있고, 소비자들은 효율적인 성과를 원한다. 그리하여 거의 모든 부문에서 전문가들에게 맡기는 것을 선호하는 현상이 나타나고 있다. 특히 아이들과 관련된 문제에서는 어린 시절부터 최적의 환경을 제공하고 싶은 것이 부모 마음이다. 그러한 현상의 하나가 '영어유치원' 열풍이다.

그러다 보니 "부모의 정보력, 경제력이 아이의 실력이다"라는 말이 대중화되고 '금수저, 흙수저'라는 것이 아이의 인생을 좌우하는 것처럼 인식되고 있다. 실제로 현실적인 측면에서 입시나 취업에서 많은 영향을 미치고 있기 때문에 부모들은 이러한 사실을 인정하지 않을 수 없다.

2018년 JTBC에서 방영된 드라마 〈SKY 캐슬〉이 열풍을 일으키고, 전교 1등 남매가 고교를 자퇴한 후 코칭 전문가가 된 교장 선생님 이야기 《엄마 반성문》(이유남, 덴스토리, 2017)과 입시 지옥을 풍자한 소설 《서울대 나라의 헬리콥터 맘 마순영 씨》(김옥숙, 새움, 2019)가 우리에게 큰 울림을 주었던 것은 시사하는 바가 크다.

지난 설에 나는 입시에 실패한 친척 아이를 만났다. "수고 많았다. 괜찮아. 기운 내"라고 말을 전했지만, 위로가 되지 못했다. 마치 인생의 큰 죄를 지은 듯 고개를 들지 못하고 풀이 죽어 있는 모습을 보았을 때 가슴이 아팠다. 위의 사실들이 부모에게 던져주는 메시지는 무엇일까? 여기서는 다른 면을 제외하고 자녀교육 측면에서 살펴보고자 한다.

공부는 아이의 문제다

공부는 어디까지나 아이에게 주어진 문제다. 그런데 부모들이 지나치게 아이 공부에 간섭하게 되면서 점점 더 공부의 본질이 바뀌고 있는 것 같다. 내 아이를 좋은 환경에서 더 잘 키우고 싶다는 부모의 욕심과 지나친 사랑이 과잉 보호로 나타나 결국 아이를 망치게 되는 것이다. 부모의 과잉 보호와 통제와 간섭 속에서 자란 아이들은 문제가 있을 때 스스로 부딪혀서 해결하는 것을 두려워한다. 그래서 문제를 회피하거나 부모가 대신 해결해주기를 바라게 된다. 이렇게 자란 아이들은 성인이 되어도 자신의 문제를 해결할 수 없는, 무기력하고 무능력한 사람이 되기 쉽다.

아이들은 문제를 스스로 해결하고 극복해본 경험을 통해 자신에 대한 신뢰가 생기게 되고 자존감을 높이게 된다. 자신이 한 일에 대해서 책임감도 생기는 것이다. 부모의 과잉 보호는 아이가 자신을 믿고, 신뢰할 기회를 박탈하는 것이다. 늘 받기만 했던 아이는 부모의 보살핌과 배려를 감사하기보다는 당연하다고 생각하는 경향이 있다고 한다. 자존감과 자주성이 낮고, 배려가 부족한 아이들이 집 밖에 나가면 사회성이 부족해 남과 어울리고 현실적인 문제를 해결하는 데 어려움을 느끼는 것은 당연한 결과다.

공부는 분명 아이의 문제인데 공부에 부모가 더 관심을 기울이고, 주체가 된다면 처음에 주도적으로 해보려고 하던 아이조차 그 문제를 부모에게 떠넘기게 된다. 그 후로는 자신이 생각하고 문제를 해결하기보다 부모가 시키는 대로 따라가게 된다. 그렇게 하는 것이 더 쉽고 당장 더 많은 성과를 내기 때문이다.

무엇을 시작하는 시점에서 스스로 깨우치기보다는 부모나 전문가의 도움을 받으면 더 빠른 성과를 내는 것처럼 보인다. 그러나 우리가 아이의 성장을 위해 불안한 마음을 움켜잡고, 손을 놓고, 아이가 자기 힘으로 설 수 있도록 지지를 보내며 지켜보는 과정이 필요하다. 이럴 때 아이의 성장이 빛을 발휘하게 되는 것이다.

작은 것이라도 선택권과 결정권을 주자

아이의 주도성도 하루아침에 형성되는 것이 아니다. 아주 작은 것에서 시작할 수 있다. 어릴 때부터 작은 것을 선택할 기회를 주는 것이다. 아침 식사는 밥을 먹을 것인지, 빵을 먹을 것인지, 시리얼을 먹을 것인지 말이다. 혹은 오늘은 어떤 옷을 입을 것인지 선택하게 하자. 선택이 어렵다면 몇 가지 옷을 꺼내놓고 그중에서 아이가 선택할 수 있게 하는 것도 좋다.

아이와 함께하는 일이라면 아이의 동의를 구하는 것도 좋은 방법이다. "저녁 먹고 같이 나가서 너랑 배드민턴을 치고 싶은데 넌 어때?"라고 아이에게 결정권을 주는 것이 "저녁 먹고 같이 나가서 배드민턴 치자"라고 말하는 것보다 나은 이유는, 아이에게 힘을 실어주기 때문이다. 그래서 나는 아이들과 외식을 하거나 나들이를 할 때는 이와 같은 방식으로 아이들에게 물어보고 아이들의 의견을 존중해주었다. 서점에 나가 문제집 등을 고를 때도 아이들과 함께 살펴보았다. 아이가 선택을 어려워할 때는 필요한 조언을 했지만, 최종 선택은 아이들이 하도록 했다. 자신의 선택이었기에 아이들은 대체로 만족했다. 누구든 자기 자신이 선택한 것에 대해선 남탓을 하지 않는 법이다.

이러한 작은 것들을 통해 나는 아이들이 자신이 공부의 주체라는 것을 무의식적으로 인식하게 만들었다. 공부 시간과 일정에 대해 상의하고 아이들에게 자유 시간을 주는 것, 용돈 관리를 맡기는 것, 가족 행사에 참여시키고 할 일을 맡기는 것, 동생 돌보기 등 찾아보면 가정에서 아이들의 주도성을 기를 수 있는 소소한 많은 것들이 있다.

나의 경험에 의하면 그중에서도 눈에 보이는 효과가 컸던 것은 초등학생 손녀딸들이 고학년이 되었을 때 자신의 방을 스스로 꾸미게 한 것이다. 아이가 선택한 색으로 함께 벽에 직접 페인트칠을 했다. 가구점에 같이 가서 자기가 마음에 드는 책상이나 침대를 선택하게 하고, 침구도 같이 고르는 등 아이의 의견을 물어보고, 결정권을 주었다. 가구 배치도 자신이 원하는 대로 하게 했다. 아이는 마치 자신이 어른이 된 것 같고, 인정받았다는 느낌으로 매우 행복해했다. 자신의 공간에 주도적 가치가 부여되어 그것이 학습

동기를 유발하는 효과도 가져왔다.

'지랄 총량의 법칙'이 담고 있는 의미

이 시점에서 내가 꼭 하고 싶은 말이 있다. 바로 "부모 말을 다 잘 듣는 아이가 무조건 좋은 것은 아니다"라는 것이다. 아이가 화낼 줄도 알고, 자기 의견을 강하게 표현할 줄도 알아야 주도적인 아이로 자라날 수 있다. 이럴 때 우리는 아이의 주도성이 자라나고, 아이에게 힘이 생기고 있다는 것을 기뻐해야 한다.

10대 자녀를 키우는 부모들 사이에 떠도는 일종의 법칙이 하나 있다. '지랄 총량의 법칙'이 그것이다. 모든 인간에게는 평생 쓰고 죽어야 할 '지랄'의 총량이 정해져 있어서 그 양을 어릴 때 쓰는 자녀가 있는가 하면 다 커서 쓰는 자녀가 있을 뿐 총량은 같다는 의미다. 부모들은 되도록 어릴 때 아이들이 타고난 '지랄의 총량'을 다 쓰기를 바란다고 했다. 나는 부모들 사이에 떠도는 이 '속된 표현'에 무릎을 쳤다. 이것을 긍정적으로 보면 아이가 부모 속을 썩이는 일은 아이가 부모에게서 독립해, 자신의 주도성을 키워가는 하나의 과정이기 때문이다.

어른인 우리도 감정을 다스리기가 쉽지 않은데 생리적으로 감정적인 상태가 되기 쉬운 아이들이 자신의 감정을 조절하는 것은 더 어려운 일이다. 이때 아이와 감정적으로 대치해 서로의 관계를 훼손하기보다는 아이의 감정이 가라앉기를 기다려야 한다. 아무리 좋은 것이고 필요한 교육이라도 감정적인 아이에게는 걸림돌이 되는 법이다. 아이가 내 이야기를 받아들일 여유가 있을 때, 자신의 의견을 보다 효율적으로 표현하는 방법에 대해서 가르치는 지혜를 가지자.

앞으로의 세상은 변화를 예측할 수도 없고, 부모가 끝까지 아이의 인생을 대신 살아줄 수도 없다. 따라서 내 아이가 가는 길을 부모가 앞서가서 장애물을 치워주고, 아이들이 탄탄대로를 걷게 해주는 것이 부모가 해야 하는 일이라는 생각에서 벗어나야 한다. 부모는 아이의 의견을 귀담아 들어주고, 하는 것을 지켜보면 된다. 시간이 걸리고, 실패하더라도 그 실패가 가치 있는 것임을 아이가 깨닫게 해주어야 한다.

부모는 아이가 자신에게 주어진 상황에 직접 부딪혀서 어려움을 극복하고 문제를 해결해나가는 주도적인 아이로 자라도록 그 힘든 과정을 지켜보면서 믿고 기다리며 응원과 지지를 보내야 한다. 부모가 이러한 태도를 가질 때 우리 자녀들의 주도성도, 독립성도 균형 있게 길러질 수 있음을 알아야 한다.

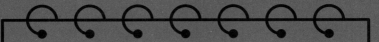

5장

'매조천'
학습 실천하기

집공부, 이렇게 시작하자

부모의 예상대로 자라지 않는 아이들

보통 부모들은 아이들이 유치원에 들어가면서 공부를 가르치기 시작한다. 이유는 초등학교 입학 전에 한글과 숫자의 개념을 알아야 한다고 생각하기 때문이다. 조금씩 아이들에게 공부를 가르치면 처음에는 부모나 아이나 관심을 가지고 시작하고, 대체로 재미있어 한다.

그러나 시간이 지나면서 아이도 부모도 점차 공부가 즐겁지 않게 된다. 그리고 이때부터 '공부는 힘든 것', '공부는 하기 싫은 것'이라는 생각을 하는 아이들이 늘어나기 시작하며 아이와 부모의 마음은 서로 어긋나기 시작한다. 초등학교에 입학하면 부모는 처음부터 공부하는 습관을 길러주어야겠다고 생각하고, 기초부터 잘 잡아야 한다는 생각이 강해진다. 그러다 보면 아이의 생각과는 다르게 공부에 더욱 관심을 기울이게 되며 그러한 열성에 못지않게 자연스럽게 아이에 대한 기대도 상승하게 된다.

그러나 아이들은 부모의 예상대로 자라지 않는다. 더러는 부모의 기대에 못 미치는 경우가 생기고 부모는 실망하게 된다. 그 실망은 다시 조급함을 부르고, 급기야 아이에게 소리를 지르고 감정이 격해진다. 그러고 나서 감정이 가라앉으면 아이에 대한 죄책감이 밀려오게 되고 이런 과정이 더욱 빈번해지면 아이도 엄마도 서로 상처를 받게 된다. '공부를 계속 시키다간 내가 열받아서 못 살겠다', '아이와 그나마 좋던 관계도 망치겠다'라는 생각에 학원이나 과외에 눈을 돌리게 되는 것이 일반적인 현상이다. 나도 그랬고, 나의 며느리도 그랬다.

30년 전의 내 모습을 며느리에게서 보다

공부 문제로 아이들과 며느리 사이에 가끔 고성이 오갔는데 손녀딸들이 초등학교 2학년, 4학년이 되면서 그 빈도가 늘어나고 있었다. 나는 아이들 교육은 부모에게 맡겨야 한다는 생각이었다. 그리고 교사인 내가 손녀들의 공부에 관여하다 보면 며느리나 아이들과의 관계도 좋아지지 않을 수 있다는 생각에 그저 지켜보고 있었다.

그러다 아이들이 학습지를 시작한 지 몇 개월이 지나지 않았을 때 과제를 챙기던 며느리가 아이들에게 "왜 안 했어?" 하고 야단을

쳤고, 아이들은 지금 하면 될 것 아니냐고, 알아서 할 거라고 반항했다. 그리고 틀린 문제를 설명하는 과정에서 아이의 잘못된 태도를 야단치는 소리를 반복해서 듣게 되었다. '어쩌면 내가 아이들에게 했던 그 모습을 며느리가 그대로 할까? 아이들이 스스로 자기 할 일을 할 수 있게 만들 수 없을까?' 하는 생각이 들었다. 현장에 있을 때 자기주도학습에 관심을 가지고 교육했던 만큼 '손녀들이 학습을 스스로 할 수 있는 아이로 성장할 수 있도록 내가 한번 해볼까?' 하는 생각이 들었다.

부모가 아이에 대한 욕심과 조급함을 조금만 내려놓고, 아이의 주도적인 힘을 믿으며 여유를 가질 수만 있다면 아이와 더 깊은 사랑의 관계를 맺으며 얼마든지 집공부를 할 수 있으리라고 믿었기 때문이다. 나는 할머니의 마음으로, 또 '매조천'의 실천으로 손녀들의 공부를 맡기로 했다.

결과적으로 내가 손녀들의 공부를 맡으면서부터, 며느리와 아이들의 사이는 편안해졌다. 외부 학원이나 학습지의 도움을 받지 않게 되니 아이들에게는 시간적 여유를 주게 되었고 며느리에게는 아이들과의 갈등도 줄이고 경제적 문제도 해결되는 효과를 주었다.

나는 아이들과 공부를 시작하면서 다음의 절차를 밟았다. 아무리 가족이고 할머니와 손녀 사이라 할지라도 동의를 구하고 서로의 의견을 구하는 절차는 필요하다고 생각했기 때문이다. 절차는 크게 세 단계면 충분하다.

1단계: 집공부에 대한 부모의 동의를 구한다

나는 맨 먼저 나의 이러한 생각을 아이들의 부모인 아들과 며느리에게 전하고, 나의 개입을 원하는지 물었다. 자칫 아이 교육에 간섭하는 것으로 여겨질 수도 있어서였다.

그래서 아들과 며느리에게 "내가 현장에 있을 때 효과를 보았던 자기주도학습을 적용해서 아이들 공부를 도와주고 싶어"라고 내 의견을 전달했다. 앞으로 한 1~2년 정도 내가 아이들 공부를 가르쳐서 스스로 공부하는 아이로 성장하도록 돕겠다고 했다. 물론 내가 최선을 다하겠지만, 그래도 결과에 대해서 책임을 질 수는 없다고 빠져나갈 구멍도 마련했다. 아들과 며느리는 속으로 내심 바라고 있었는지, 내 의견에 적극 찬성하며 동의해주었다.

2단계: 집공부에 대한 손녀들의 동의를 구한다

부모의 동의를 먼저 얻은 뒤에는 두 손녀딸들의 동의를 구했다. 나는 부모의 동의보다 손녀딸들의 동의를 구할 때 훨씬 긴장하고 신경 썼다. 공부를 하는 당사자는 정작 두 아이였기 때문이다.

나는 손녀딸들에게 "너희는 할머니를 믿니?"라고 먼저 물었다. 아이들은 그렇다고 대답했다. "그러면 할머니가 앞으로 너희들과 같이 하루 30분 정도 공부하고 싶은데 할머니를 믿고 따라올 수 있겠니? 너희가 할머니와 공부를 시작하면 지겨워하는 학습지는 끊어줄게"라고 말하자 내 말에 아이들은 좋아하면서 그러겠다고 했다. 이처럼 집공부를 시작하기 위해서는 필요한 사람들과 대화를 통해 동의를 구하는 것이 중요하다. 자신들이 선택한 길이고 주체가 되기에 책임감을 느끼게 되기 때문이다.

처음부터 본격적으로 공부를 가르치는 것이 부담스럽다면 자신 있는 과목 한 가지 정도, 아니면 감사일기로 시작해보는 것도 좋다. 나도 처음에는 본격적인 공부에 들어가지 않고 '속해 독서 30분'과 '감사일기'로 시작했다. 그러면서 자연스럽게 점차 과목 수와 시간을 늘려갔다.

수학을 가르칠 때는 아이들에게 신뢰를 주기 위해 먼저 풀어보고 가르쳤고 모르는 것은 해설지를 참고했다. 나는 학교 다닐 때 수학을 싫어했고, 잘하지도 못했다. 그런데 아이들을 가르치면서 신기하게도 수학이 재미있어졌다. 그러다 보니 실력이 늘었고, 공부를 미리 하지 않아도 가르치는 데 지장이 없게 되었다. 일단 시작이 중요하다. 요즘은 해설지가 잘되어 있어 누구나 크게 문제가 되지 않는다고 생각한다.

3단계: 아이들과 '준비물 쇼핑'을 간다

새로운 공부에 대한 기대와 즐거움으로 시작하는 것이 중요하므로 필요한 준비물을 챙기는 즐거운 나들이를 권한다. 나는 대화를 끝낸 후 아이들을 데리고 교보문고 광화문점의 문구 코너로 갔다. 그곳에는 동네 서점에서는 보지 못하는 예쁘고 특이한 문구들이 많아서 아이들이 문구를 사는 재미를 느낄 수 있었다. 준비물은 아이들이 직접, 본인 취향에 맞는 것으로 고르게 하는 것이 좋다. 아이들은 그곳에서 플래너, 속해 독서 노트, 감사일기용 노트를 샀다. 각자 자신들이 좋아하는 색과 디자인으로 골랐다.

　문구 쇼핑 후에는 맛있는 것을 먹고 인사동 구경을 같이했다. 일단 아이들은 그 지겨운 학습지를 안 하게 된 것이 좋았고, 할머니와의 공부에 약간은 기대가 되는 듯 보였다. 나 역시 다시 선생님으로 돌아간다는 느낌에 약간의 설렘이 있었다.

도전! 매조천 실천 1

| 1단계: 주 양육자에게 공부에 관한 동의를 구하기

이때는 충분한 대화의 시간을 마련해 집공부에 대한 동의를 구하고 양육자에게 협조를 부탁한다.

| 2단계: 아이의 동의 구하기

가장 중요한 것은 아이가 스스로 원하는 것이다. 원치 않은 일을 긍정적인 마음으로 지속해서 하기는 어렵다. 아이들은 자신들이 동의하고 나면 스스로 선택한 일이기에 보이지 않는 책임감도 생긴다. 집공부를 시작하려고 하면 당연히 아이와의 관계가 좋아야 하고, 아이의 동기를 유발할 수 있는 전략적 접근도 어느 정도 필요하다. 예를 들면, "공부 시간이 줄어들고 자유 시간이 늘어나서 네가 좋아하는 일을 할 수 있어"라고 말하는 것 등 아이들이 솔

깃할 수 있는 제안을 제시하는 것도 좋은 방법이다.

3단계: 준비물 쇼핑

즐거운 분위기로 시작하기 위해서 필요한 문구를 사러 같이 외출한다. 가능한 한 평소에 가던 동네를 벗어나 시내로 나갈 것을 권한다. 광화문이나 강남에 위치한 대형 서점에는 문구 코너가 별도로 마련되어 있어 아이들이 흥미롭게 쇼핑에 몰두할 수 있다. 나들이 삼아 준비물을 스스로 고르고 사게 하면 아이들의 마음도 한결 가볍고 즐거워진다.

실천2

습관을 만드는 66일 법칙

학습 속도는 아이들마다 다르다

대개 부모들은 아이들이 초등학교에 입학하기 전까지 한글을 떼고 기초적인 수 계산도 익혀놓아야 한다고 생각한다. 그리고 대부분의 아이들은 그 정도는 기본으로 마친 상태에서 초등학교에 입학하는 게 현실이다. 그러나 모든 아이들에게 이 방식이 적용되는 것은 아니다. 아이마다 공부에 대한 생각과 속도가 다르기 때문이다. 따라서 모든 아이들에게 통하는 '기본 학습 원칙'은 가능하지 않다.

우리집 큰 손녀딸은 집에서 엄마와 하는 교육만으로도 자연스럽게 한글과 수 계산을 익히고 초등학교에 입학했다. 그러나 둘째 손녀딸은 좀 달랐다. 다른 부분에서는 눈을 반짝이고 호기심도 많이 보이는 아이였으나 한글과 수 공부엔 관심이 별로 없어서 속도가 느렸다. 그래서 다소 부족한 상태로 초등학교에 입학했다. 그 결과 받아쓰기가 아이에겐 부담이 되었다. 책 읽기, 계산하기의 속도가 느리다 보니 공부에 대한 자신감도 없어지고 자존감도 낮아졌다.

뇌는 마음과 통한다

특별한 경우를 제외하고는 '초등학교 입학 전에 기본적인 학습은 이루어져야 한다'라고 생각하는 부모들에게 공감한다. 그 이유가 바로 아이의 자신감이나 자존감, 그리고 공부에 대한 긍정적 생각에 큰 영향을 줄 수 있기 때문이다.

둘째 손녀딸은 기본적인 학습이 부족했던 영향으로 공부가 하기 싫고, 짜증스럽고, 힘들다는 생각을 가지게 되었다. 시간이 지나고 실력이 좋아지면 나아질 것이라는 생각에서 나 역시 아이를 그대로 두었다. 나와의 공부도 시작 초기에는 매우 즐겁게 했으나 점차 학습량이 많아지고 내용도 어려워지자 즐겁게 공부하기보다는 마지못해 억지로 하는 기운이 역력했다. 다행인 것은 그래도 막상 공부를 시작하면 기분이 점점 나아져서 끝날 때는 기분 좋게 공부를 끝냈다는 사실이다. 그나마 다행스러운 일이었다. 작년 말즈음 이러한 아이의 생각과 태도가 공부에 부정적인 영향을 끼치고, 효과도 떨어뜨린다는 생각이 들었다.

무슨 일이든지 즐겁게 해야 성과가 좋다는 것은 누구나 알고 있는 사실이다. 그래서 나는 우선 아이가 공부에 대해 가지고 있는 부정적인 생각을 긍정적인 생각으로 바꾸는 것이 중요하다는 생각을 하게 되었다. 뇌는 마음과 통하는 것으로 마음은 실제로 뇌에서 일어나는 감정 반응이다. 그래서 인간 뇌의 속성을 믿고 공부에 대한 생각을 긍정적으로 바꾸는 일을 시작했다.

공부를 싫어하는 뇌에서 좋아하는 뇌로

나는 영국 런던대학의 심리학자 필리파 랠리(Phillippa Lally) 연구팀이 발견한 '66일 법칙'을 아이 공부법에 도입해보기로 했다. '66일 법칙'은 일정한 절차에 따라 66일만 꾸준히 행동한다면, 원하는 행동이 습관으로 만들어질 수 있다는 법칙이다. 매일 아침 독서를 하는 것, 운동하는 것, 다이어트를 실천하는 것 등 새롭게 시작한 것을 66일 동안 지속하면 습관으로 자리 잡는다는 것이다. 그리고 그 후에는 실천하기가 매우 쉬워진다는 것이다. 66일이면 두 달 남짓이니, 그리 오랜 시간도 아니다.

둘째 손녀딸의 가장 큰 난제는 공부 자체를 싫다고 생각하는 것이었다. 지금 싫다고 생각하는 것도 의식적으로 자꾸 좋다고 반복해 외치다 보면 그것이 습관으로 자리 잡아 진짜 뇌가 좋다고 생각하는 원리를 적용하고 싶었다. 가장 먼저 "공부가 재미있다. 공부가 좋다"라고 적어 책상 위에 붙여놓았다. 그러고 나서 아이에게 매일 공부를 시작할 때나 수시로 그것을 소리 내어 말해보자고 했다. 그러면서 아이에게 "뇌는 진짜와 가짜를 구별하지 못해서 같은 말을 반복하면 그것을 믿게 되어 뇌에 변화가 생겨"라고 했다. 지금은 공부가 짜증나고 힘들다고 생각하지만 66일이 지나면 공부가 좋아지고, 재미있어질 것이라고 이야기했다.

지원이는 내 말에 반신반의하면서도 관심을 가지고 해보겠다고 했고 66일 동안 실천해나갔다. 물론 아이의 절실함과 믿음에 따라 결과는 각기 다르게 나타나고 성과에도 영향을 미칠 수 있지만, 나는 지원이를 믿었다.

공부를 할 때 세 문장을 외치다

한 달쯤 지난 후 공부를 마친 지원이에게 공부에 대한 생각이 어떠냐고 물어보았다. 지원이는 "요즘은 옛날처럼 짜증나거나 힘이 많이 들지는 않아요. 그리고 가끔 재미있기도 하고요. 옛날처럼 공부가 어렵지는 않아요. 공부하기가 좀 쉬워졌어요"라고 했다. 놀라운 이야기였다. 처음에 반신반의하면서 시작했던 아이도, 자기 마음의 변화가 매우 흥미롭고 신기하다고 했다. 그리고 스스로 '열공'하겠다는 다짐을 책에 끼워놓았다면서 보여주기까지 했다. 그래서 나는 "공부가 재미있다. 공부가 좋다"에 "공부가 쉽다"라는 한 가지를 더 붙이는 것이 어떠냐고 물어보았다. 아이는 좋다고 하면서 그렇게 하겠다고 했다.

아이는 이제 항상 공부를 시작하기 전에, 그리고 끝나고 나서 세 문장을 외친다. 나도 같이 외치면서 힘을 보탠다. "공부가 재미있다. 공부가 좋다. 공부가 쉽다!" 아이의 뇌는 이 반복된 문장을 들으며 반응하고 적응했을 것이다. 내가 봐도 예전보다는 훨씬 공부에 임하는 태도가 긍정적으로 변한 것을 느낀다.

물론 이러한 결과가 단순히 외치는 행동 하나로 되는 것은 아니다. 다른 요인도 같이 작용한 덕분이겠지만 지원이는 이제 공부가 힘들고, 짜증난다는 이야기를 하는 횟수가 눈에 띄게 줄어들었다. 나는 세 문장을 외치는 것이 공부에 대한 생각을 긍정적으로 바꾸는 데 효과가 있었음을 확신한다. 나도 부정적인 피드백을 줄이고 긍정적인 피드백으로 아이를 격려하고, 응원하려고 노력하면서 아이에게 힘을 보태고 있다.

도전! 매조천 실천 2

1단계: 66일 법칙 실천 동의 구하기

공부에 대한 생각을 긍정적으로 바꾸기 위해 아이에게 뇌의 속성을 설명하고 66일 법칙을 실천하자고 동의를 구하며 방법을 설명한다.

2단계: 문구를 적은 종이를 책상 위에 붙이기

"공부가 재미있다. 공부가 좋다. 공부가 쉽다"라고 적은 종이를 책상 위 눈에 띄는 곳에 붙인다(문구는 아이와 함께 각자 개성대로 정해도 좋다).

3단계: 문구 외치기, 변화에 대한 피드백을 해주기

공부를 시작하기 전과 끝났을 때 마음을 담아서 큰소리로 구호를 외친다. 잠자리에 들기 전에도 외친다. 그 외에도 수시로 눈에 띌 때마다 아이 스스로 구호를 외치는 습관을 실천하도록 권한다.

실천해나가는 중에 구체적이고 긍정적인 피드백으로 아이를 응원한다. 예를 들면 "벌써 한 달이 지났네. 이렇게 계속하는 건 대단한 거야. 할머니(엄마) 눈에는 너의 뇌의 변화가 보여", "너 공부할 때 힘들고 짜증난다고 말하는 횟수가 줄어들었어. 그리고 태도도 좋아졌어" 하고 말해준다. 아이의 뇌가 변하고 있다는 믿음을 줄 수 있는 피드백을 해준다.

공부가 재미있다.
공부가 좋다.

공부가 재미있다.
공부가 좋다.
공부가 쉽다.

처음에 두 문장으로 시작했던 구호는 지원이의 말을 덧붙여 세 문장이 되었다.

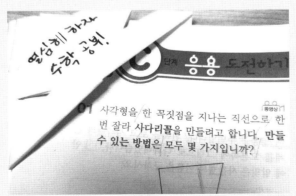

지원이가 스스로 써서 수학 문제집에 끼워놓은 책갈피. "열심히 하자 수학 공부!"라고 쓰여 있다.

자기주도학습의 기초 세우기

자기주도학습의 기본, 플래너 쓰기

학습의 기본은 자기 주도력이다. 스스로 학습하려는 의지가 없으면 제아무리 훌륭한 선생님과 교재가 밑바탕이 되어도 학습의 효과를 기대하기 힘들다. 이처럼 자기주도학습의 열풍이 불면서 실행 방법을 돕기 위한 플래너 쓰기가 중고등학생은 물론이고 초등학생까지 기본으로 자리 잡았다. 학습 플래너는 공부에 대한 확실한 목표를 세우고, 그 목표를 다시 세부적인 목표로 나누어 이를 실천하기 위한 세부 계획을 세우는 일이다. 목표를 달성하기 위한 구체적인 실천 방법을 기록하고 실행 여부를 체크하는 항목도 플래너에 꼼꼼히 기록해야 할 부분이다. 플래너를 바탕으로 실행력을 체크하고, 만약 계획대로 실행이 되지 않았다면 그 이유를 분석해보고 문제점을 보완해야 한다.

교육계에 자기주도학습의 열풍이 확산되고 있을 때 나 역시 '학습 부진 학생을 위한 적절한 해결책이 나왔다'라고 생각하고 전교생에게 플래너를 지급하고 이를 잘 실천하는 학생을 시상하는 행사를 갖기도 했다. 그러나 실질적으로 지속적인 실천이 가능한 아이들은 자기 조절력이 우수한 아이들인데, 이런 아이들이 무척 소수에 불과했다. 동기 부여가 확실한 아이들 몇몇을 제외하고 대부분의 아이들이 하다가 중도 포기하고 말았다. 완주하지 못하는 이유는 저마다 달랐지만 말이다.

'사후 플래너'로 시작하자

나는 가능한 한 플래너를 아주 간략하고 쉽게 실천할 수 있는 것으로 계획했다. 그래서 두 손녀딸들에게 그날 일을 적게 하고, 실행 여부를 체크하는 것으로 시작했다. 미리 계획을 세우기보다, 오늘 한 일을 적는 '사후(事後) 플래너'로 시작했다. 그리한 이유는 성취감을 맛보게 하기 위함이었다. 내가 심어주고자 했던 '매조천의 실천'을 매일 적고 다짐하는 데 의미를 두었다. 초등학생의 경우는 시험 기간이나 특별한 활동이 거의 없어서 계획이 거의 일정하다. 그리고 매일 해야 할 과목과 분량을 아이랑 함께 정했기 때문에 그저 제목만 적고 실행을 체크하는 것으로도 충분했다.

플래너의 목적은 어디까지나 아이의 학습 습관을 바로잡고, 자기 조절력을 키우는 것으로 삼았다. 양이나 질을 목표로 하는 것보다 '루틴을 완수하는 것'을 목표로 삼았다. 체크리스트로 실행의 힘과 습관을 들여놓으면 자기주도학습이 정착될 것이고, 이것이 바탕이 되면 중고등학교에 진학했을 때 자신의 공부 계획에 의한 스터디 플래너를 쓰게 될 것이라고 나는 믿는다.

목표 칸에 '매조천 실천'을 기록하기

플래너 맨 위에는 목표를 적는 칸이 있었는데 항상 "매조천을 실천하는 지원이(가원이)"라고 쓰도록 했다. 아이들은 이 칸에 "이달의 소녀를 좋아하는, 매조천을 실천하는 지원이", "강아지와 고양이를 좋아하는, 매조천을 실천하는 가원이" 등 조금씩 자신들의 감정을 이입해 적기도 했다. 물론 이 목표 칸에는 자기가 정하는 세부적인 목표를 적는 것이 좋은 방법일 수 있다. 하지만 나는 아이들에게 내가 전하고 싶은 매조천의 가치를 심어주려는 의도가 있었기에 이렇게 했다.

실행 목록은 독해, 독서, 수학 문제집, 연산, 영어, 감사일기, 운동을 과목으로 기록했다. 피아노나 미술 등 예술 활동은 지정된 시간에 가는 것이라 기록하지 않았다. 이렇게 실행 여부를 체크하니 학습 분야가 우선순위로 생각되어 학습 부분의 실행률은 거의 100%에 가까웠다. 그리고 실행을 체크할 때는 아이가 성취감도 느끼는 것 같았다. 지속적인 실행 결과가 눈에 보이니 그 효과가 더 큰 것 같았다.

실행 목록에 있어 감사일기는 하루이틀 밀려서 쓰는 경우가 있었고 운동은 어쩌다 빠지는 부분이 있었다. 아쉬운 것은 독서였다. 독서의 중요성을 알고 있으나 독서 자체를 부담스러워 하므로 아이의 스트레스를 고려해 좀 편하게 두었다.

독서의 목표는 '10분 이상 독서'로 그다지 부담이 가는 수준이 아니었는데도 지원이의 경우는 실행이 되지 않는 날이 많았다. 그래서 '책 읽기를 좋아하지 않는 아이에게 어떤 식으로 접근해야 할까?' 하고 방법을 고민하고 있다. 함께 10분 동안 독서를 하는 것도 생각 중이지만, 어깨의 짐이 무거운 사람에게는 조금만 더 실어도 무게감이 크게 느껴지기 때문에 적용할 시기를 보고 있었다. 그러다가 최근 공부 시작 전에 10분 독서를 하게 됐다.

도전! 매조천 실천 3

| 1단계: 아이와의 대화를 통해 목표 정하기

플래너에 목표를 적을 때는 아이와 충분한 대화를 나누어야 한다. 아이에 따라 목표가 '주요 과목 100점 맞기', '평균 점수 90점 이상' 등과 같이 점수인 경우도 있고, '하루에 공부 한 시간씩 실천하기', '이번 달에 수학 문제집 한 권 끝내기', '영어 문장 5개씩 외우기' 등과 같이 공부 습관이나 공부량일 수도 있다. 나는 '무엇보다 인생의 가치를 심어주는 것이 공부의 밑거름이다'라는 생각에서 '매조천을 실천하는 사람'을 목표 칸에 쓰게 했다.

| 2단계: 실행 목록 정하기

각자 정한 목표에 따라 그 목표를 이루기 위해 해야 할 일을 아이와 함께 의논한 뒤에 실행 목록을 정한다. 이때 주의할 것은 너

무 거창하게 실행 목록을 짜지 않는 것이다. 목표는 장대하되, 실행 목록은 아이가 실천할 수 있는 현실적인 것으로 정해야 한다. 그래야 아이들은 자신이 정한 목표에 맞게 실행을 완수해가는 성취감을 느낄 수 있다.

3단계: 매일 목표를 적고 실행한 다음 체크하기

플래너를 쓰기 시작했다면 이를 주기적으로 체크해야 한다. 주기는 일주일이 적당하다. 주마다 한 번 정도 점검해 실천이 되지 않은 부분은 그 원인을 이야기해보고, 어떻게 개선할 것인지 아이 스스로 찾아보게 한다. 그 과정에서 아이가 도움을 요청하면 얼마든지 같이 방법을 강구하고 대안을 찾아보는 것도 교육자가 할 일이다.

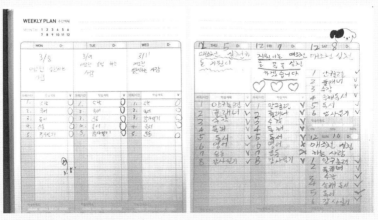

가원이와 지원이의 플래너(체크리스트)

실천4

속해 독서의 준비 운동, 안구 훈련

가상의 책인 안구 훈련표를 이용해 독서 속도 높이기

5차원 전면교육을 창시한 원동연 박사는 "인간의 지적 활동은 기본적으로 듣고 읽은 내용을 사고 활동을 거쳐 고도화한 뒤 다시 말하고 쓰는 과정"이라고 했다. 이러한 과정을 학문의 9단계(속해 독서, 글 분석, 글 감상, 고공 학습법·상관관계 학습법, 개념 심화 학습법, 질문 학습법, 글쓰기, 도식화, 함수화)로 나누어 실천 방법을 제시했다.

그러나 나는 최상위 함수화를 제외한 여덟 가지 방법을 그대로 체계적으로 실시하기가 어려웠다. 그래서 이 방법을 바탕으로 진행하되 내 나름의 방법을 다시 구성해서 아이들에게 적용해보기로 했다.

먼저 1단계, 속해 독서를 바탕으로 하고 다음 단계를 복합해 훈련했다. 이러한 속해 독서는 수학 문제를 풀 때나 다른 과목의 글을 읽을 때도 적용했다. 국어 공부는 별도로 하지 않았다.

속해 독서를 향상시키면 독서 속도가 빨라지고 정보 처리 능력이 두 배로 빨라진다. 즉 1년이 걸리는 공부를 6개월로 단축시킬 수 있다는 이야기가 된다. 물론 이는 빠르게 속독하는 것 자체가 아니라 빠르게 이해하는 것이 목표다. 정보를 빠르게 이해하면서 읽는 속해 독서를 훈련하기 위해서 제일 먼저 필요한 것이 독서 속도를 높이는 일이다. 이를 위해서 필요한 것은 눈이 움직이는 속도를 빠르게 해주는 것이다. 안구 훈련은 안구를 움직이는 근육을 발달시켜 안구를 빨리 움직일 수 있게 한다. 안구 훈련은 속해 독서를 위한 준비 운동인 셈이다.

'안구 훈련표'는 눈을 빨리 움직이는 연습을 위한, 글자 없는 일종의 '가상의 책'이다. 안구 훈련표를 이용해 동그라미를 처음부터 끝까지 책 읽듯이 쭉쭉 따라가면서 1분 동안 몇 회를 반복해 읽는지 측정한다. 느리게 하더라도 한 줄씩 정확하게 훑어 내려가는 것이 중요하다.

안구 훈련의 실천

속해 독서는 먼저 동그라미가 그려진 안구 훈련표를 이용해 매일 1분씩 3회 안구 훈련을 실시하고 결과를 기록했다. 처음 할 때 아이들이 자신의 눈동자가 움직이는 모습을 볼 수 없으므로 두 사람이 짝을 이루어 다른 사람은 관찰자가 되면 좋다. 다른 사람이

하는 것을 관찰하게 하면 눈동자가 움직이는 모습을 볼 수 있어 실감할 수 있게 된다.

훈련 초기에는 아이들도 중간에 딴생각을 했다며 횟수가 아주 적게 나오는 경우도 많이 있었다. 3분간의 단순하고 짧은 시간이지만 집중하기가 쉬운 것은 아니다. 그리고 나도 예전에 6개월 정도 했는데 재미도 없고 지겨워서 속도가 두 배로 향상되자 그만두었다. 어른인 나도 지겨웠는데 아이들은 더욱 힘들 것 같았다. 그래서 그 후에는 아이들에게 지속할 힘을 보태고자 나도 함께했다. 독서 속도를 높이는 것은 조부모나 부모에게도 좋은 일이니 아이와 함께하는 것을 권한다.

처음에는 2학년인 지원이는 5회, 4학년인 가원이는 6회였다. 3개월쯤 지나서 아이들이 지겹다며 하기 싫다고 하는 시기가 있었으나, 이제는 습관적으로 한다. 2년이 지난 지금 지원인 12회, 가원인 14회 정도 한다. 긴 시간에 비해 속도가 좀 느린 편이다. 예전에 내가 학교에 있었을 때 아이들에게 시켜보았더니 열심히 하는 아이들의 경우에는 월등히 빠른 속도로 정착된 경우가 많았다.

이제 중학생이 된 가원이는 안구 훈련을 그만두었다. 안구 훈련이 어느 정도 정착되자 너무 빨리 읽는 습관이 생겨서 내용을 정확하게 파악하지 못하는 현상이 생겼기 때문이다. 그래서 소리 내어 천천히 내용을 생각하면서 읽으라는 잔소리를 했다. 하여튼 이 훈련은 아이들의 독서 속도가 두 배 이상 빨라지는 데 도움을 주었다. 욕심을 내지 않았기에 성장 속도는 느렸지만 아이들이 편안하게 할 수 있어서 계속할 수 있었던 것 같다. 공부를 시작하기 전에 안구 훈련을 하면 뇌를 깨우고 공부의 집중력을 높이는 데에도 효과가 있다. 공부를 위한 뇌의 준비 운동의 개념인 것이다.

도전! 매조천 실천 4

1단계: 준비 자세

효과적인 안구 훈련을 하는 요령은 책을 읽을 때의 바른 자세와 같다. 허리를 곧게 펴고 바른 자세를 갖는다.

2단계: 심호흡하기, 혀 고정하기

심호흡을 통해 마음을 안정시킨다. 혀를 살짝 치아에 밀착시켜 고정시킨다.

3단계: 1분간 몇 회 읽었는지 측정하기(3회 측정)

책상 위 안구 훈련표와 눈의 거리는 30센티미터로 세운 상태로 한다. 타이머를 1분으로 맞추고 빠른 속도로 안구 훈련표를 읽어 나간다. 원 하나하나에 신경 쓰지 말고 첫 번째 동그라미를 보고 빠른 속도로 그 줄의 마지막 동그라미 쪽으로 눈을 움직여서 열 줄을 읽어나간다. 안구 훈련표의 검은색 동그라미는 읽을 때 줄 구분을 쉽게 하기 위한 것으로 의미 있는 것은 아니다.

단, 이때 주의할 점은 머리는 움직이지 않고 눈동자만 움직이는 것이다. 매일 1분간 3회 반복한다.

4단계: 측정 결과 기록
측정 결과를 기록해 자신의 변화를 보고 향상시키도록 노력한다.

참고사항
처음 할 때 아이들이 자신의 눈동자가 움직이는 모습을 볼 수 없으므로 두 사람이 짝을 이루어 다른 사람은 관찰자가 되면 좋다. 다른 사람이 하는 것을 관찰하게 하면 눈동자가 움직이는 모습을 볼 수 있어 실감할 수 있게 된다.

1분간 집중하는 것도 쉽지 않아 다른 생각을 하는 경우도 생긴다. 그리고 처음에는 눈물이 나는 사람도 있다. 그리고 수시로 눈을 깜박거리는 현상도 나타날 수 있다. 눈을 깜박이는 것은 속도를 방해하므로 안 하는 것이 좋다.

안구 훈련	1차	회/1분	2차	회/1분	3차	회/1분

○ ○ ○ ○ ○ ○ ○ ○ ○ ○ ○ ○ ○ ○ ○
● ○ ○ ○ ○ ○ ○ ○ ○ ○ ○ ○ ○ ○ ●
○ ○ ○ ○ ○ ○ ○ ○ ○ ○ ○ ○ ○ ○ ○
● ○ ○ ○ ○ ○ ○ ○ ○ ○ ○ ○ ○ ○ ●
○ ○ ○ ○ ○ ○ ○ ○ ○ ○ ○ ○ ○ ○ ○
● ○ ○ ○ ○ ○ ○ ○ ○ ○ ○ ○ ○ ○ ●
○ ○ ○ ○ ○ ○ ○ ○ ○ ○ ○ ○ ○ ○ ○
● ○ ○ ○ ○ ○ ○ ○ ○ ○ ○ ○ ○ ○ ●
○ ○ ○ ○ ○ ○ ○ ○ ○ ○ ○ ○ ○ ○ ○
● ○ ○ ○ ○ ○ ○ ○ ○ ○ ○ ○ ○ ○ ●

안구 훈련 요령

1. 허리를 곧게 펴고 바른 자세로 앉는다.
2. 심호흡을 통해 마음을 안정시킨다.
3. 허를 살짝 치아에 밀착시켜 고정시킨다.
4. 시간을 측정하면서 빠른 속도로 안구 훈련표를 읽어나간다. 원 하나하나에 신경 쓰지 말고 첫 번째 동그라미를 보고 빠른 속도로 그 줄의 마지막 동그라미 쪽으로 눈을 움직여서 열 줄을 읽어나간다.

이렇게 해서 1분 동안에 몇 회를 읽었는지 측정해보고, 다음부터는 자신의 횟수(예를 들어 7회)를 보는 데 몇 초가 걸리는지를 측정하면서, 하루에 3회(회당 3차)씩 안구 훈련을 한다. 기록을 점검표에 적는다.

| 안구 훈련 활동기록표 |

월/일	1회	2회	3회	확인	월/일	1회	2회	3회	확인
/					/				
/					/				
/					/				
/					/				
/					/				
/					/				
/					/				
/					/				
/					/				
/					/				
/					/				
/					/				
/					/				
/					/				
/					/				
/					/				
/					/				
/					/				
/					/				
/					/				
/					/				
/					/				
/					/				
/					/				
/					/				
/					/				
/					/				
/					/				
/					/				
/					/				
/					/				
/					/				

실천5

속해 독서를 위한 사선 긋기

한눈에 들어와 이해되는 범위로 사선 긋기

사선 긋기는 속해 독서에 필요한 항목으로 주로 안구 훈련이 끝난 뒤에 실시한다. 글을 2~4개 단위로 사선을 그으면서 의미 단위로 끊어 읽는 것으로 아이들에게는 매우 효과가 좋은 방법이다.

나는 사선 그으며 읽기를 시작하기 전에 아이들에게 자세를 바르게 할 것을 강조한다. 그리고 나서 소리 내어 읽는 상태로 사선을 그으며 읽도록 했다. 원래의 방법은 속으로 따라 읽지 않도록 혀를 이에 꼭 붙여서 하는 것으로 속도를 높이는 방법이지만 시작할 당시 둘째 손녀는 글 읽기에 자신이 없었고, 정확성이 떨어져서 소리 내어 읽도록 훈련했다.

사선 긋기는, 한눈에 들어와 이해되는 범위의 묶음으로 읽는 방법이다. 연필을 들고 글을 의미 단위로 사선을 그으면서 끊어 읽는 것을 말한다. 이해되는 범위만큼 사선을 그으며 읽어나가면 이해도가 훨씬 증가될 뿐 아니라 속도도 빨라진다. 훈련을 계속하면 한눈에 들어오는 범위가 점점 증가해 단어 4~5개 수준에서 나중에는 단어 10~15개 정도까지 확장된다.

이때 주의할 점은 욕심을 부리지 않는 것이다. 처음에는 최소한의 범위로 시작해 조금씩 확장시키는 것이 효과적이다. 조금 나아졌다고 곧바로 확장시키는 것이 아니라 답답하다고 느낄 때 조금씩 늘려가는 것이 좋다.

단계별 과정

사선 그으며 읽기는 원동연의 《5차원 독서법과 학문의 9단계》 74~75쪽에 다음과 같이 구체적으로 나와 있다. 처음에는 두세 단어 정도의 의미 단위로 사선을 그으면서 정보 처리를 해나간다. 자신이 사선을 그은 대로 띄어가며 읽게 한다.

리빙스턴은 / 발이 부르트고, / 입술이 터지는 고통을 / 참고 이기면서 / 끝없는 모래사막 / 아프리카 탐험을 계속했다. / 죽음이 언제 닥칠지 모르는 / 급박한 상황을 헤치면서 / 미지의 세계로 / 점점 깊숙이 들어갔다. / 그러던 어느 날 / 드디어 아프리카 내륙에서 / 대서양으로 통하는 / 길을 찾아냈다. / 그리고 커다란 폭포도 발견해 / 여왕의 이름을 따서 / '빅토리아폭포'라고 이름 붙였다. / (사선 긋기 17회)

익숙해지면서 답답해지고 속도를 늦추는 느낌이 나면 단어 4~5개 정도의 의미 단위로 확장해나간다.

리빙스턴은 발이 부르트고, / 입술이 터지는 고통을 참고 이기면서 / 끝없는 모래사막 / 아프리카 탐험을 계속했다. / 죽음이 언제 닥칠지도 모르는 / 급박한 상황을 헤치면서 / 미지의 세계로 점점 깊숙이 들어갔다. / 그러던 어느 날 / 드디어 아프리카 내륙에서 / 대서양으로 통하는 길을 찾아냈다. / 그리고 커다란 폭포도 발견해 / 여왕의 이름을 따서 '빅토리아폭포'라고 이름 붙였다. / (사선 긋기 12회)

그다음 단어 4~5개 정도의 의미 단위가 답답하게 느껴지고 오히려 속도를 늦추는 것 같다면 의미 단위를 조금 더 확장해서 읽는다.

리빙스턴은 발이 부르트고, / 입술이 터지는 고통을 참고 이기면서 / 끝없는 모래사막 아프리카 탐험을 계속했다. / 죽음이 언제 닥칠지도 모르는 급박한 상황을 헤치면서 / 미지의 세계로 점점 깊숙이 들어갔다. / 그러던 어느 날 드디어 아프리카 내륙에서 대서양으로 통하는 길을 찾아냈다. / 그리고 커다란 폭포도 발견해 / 여왕의 이름을 따서 '빅토리아폭포'라고 이름 붙였다. / (사선 긋기 8회)

그리고 안구 훈련과 사선 그으며 읽는 것이 익숙해지면, 아이의 속도에 맞추어 사선 긋기 범위를 좀 더 확장해 거의 문장별로 끊어 읽으면 된다.

동화책을 이용한 속해 독서

나의 경우는 처음에는 아이들이 부담도 갖지 않고 재미를 느끼도록 2학년인 지원이는 《우렁각시》, 《봉이 김선달》 등 그림 동화책으로 두세 문단만 해보았다. 4학년인 가원이는 동화책 《여우의 전화박스》, 《꽃들에게 희망을》을 하루 두 장 정도 사선 긋기로 읽었다.

처음에는 글 읽기가 공부의 기본이라는 생각에 속해 독서만 했는데 동화책을 이용하니 공부라는 느낌이 덜 들고, 재미있었다. 그래서 아이들도 부담 없이 편하고 즐겁게 시작할 수 있었다. 사선 긋기로 읽으면서 다음 단계 학습법도 자연스럽게 적용했다.

혼자 사선을 그으면서 읽고, 모르는 낱말은 네모를 그리고, 그 후 뜻을 네이버 사전에서 같이 찾아보고, 필요한 경우 설명을 해주었다. 그리고 이 낱말을 이용해 짧은 글짓기도 했다.

그다음에는 자신이 사선을 그은 대로 띄어 읽는 것을 녹음해 다시 들려주었다. 사선 그은 곳이 자연스럽지 않거나 이상한 곳이 없냐고 하면 아이들이 스스로 잘못된 부분을 알아차리고 수정했다. 이때 부족한 부분이 있다면 추가해 설명을 해주면 된다.

도전! 매조천 실천 5

1단계: 아이의 수준에 맞는 동화책 선정

아이의 수준에 맞는 동화책을 선정하고 하루 동안 해야 할 분량을 정한다. 1, 2학년의 경우 그림도 있고 친숙한 동화책을 사용하면 내용 파악도 잘되고 사선 그으며 읽기에 부담을 갖지 않아서 좋다.

2단계: 의미 단락으로 사선을 그으며 읽기

두세 단어를 의미 단락으로 사선 그으며 읽는 방법을 설명해준다. 사선을 긋는 것에 따라 의미가 달라진다는 것도 예를 들어 설명한다. 내가 사용했던 예시는 '아버지 / 가방에 들어가신다'와 '아버지가 / 방에 들어가신다'의 차이였다. 이 두 문장의 차이를 아이에게 설명하면서, 이처럼 바르게 사선을 긋지 않으면 문장이 다르게 이해될 수 있음을 이야기했다.

처음에는 단어 2~3개를 의미 단락으로 사선을 긋고, 점차 단어 4~5개, 문장 등 의미 단위로 아이의 속도에 맞추어 확장시킨다. 이때 모르는 단어가 나오면 네모를 그리고 다 읽은 후에는 단어의 뜻을 사전에서 찾아 알게 한다. 익숙하지 않은 단어는 짧은 글짓기를 하면 이해에 도움이 된다.

3단계: 사선 그은 대로 띄어가며 읽게 하고 녹음해 들려주기

자신이 사선을 그은 대로 띄어가며 읽게 하고 녹음한 후 다시 들려주면서 사선 그은 곳이 자연스럽지 않거나 이상한 곳이 없냐고 질문한다. 이때 부족한 부분이 있다면 추가해 설명한다.

4단계: 읽은 내용을 잘 이해하고 있는지 확인하기

마지막으로 아이가 읽은 내용을 잘 이해했는지 확인하기 위해 내용에 대해 이야기해보라고 한다.

분석, 감상 등 다음 단계 학습법 적용

셋이서 함께하는 자리를 만들다

나는 아이들과 처음 공부를 시작할 때 좀 더 친밀한 관계를 맺고 아이들의 생각을 들어보고자 하는 마음에서 셋이 함께하는 자리를 마련했다. 시간은 주로 공부가 끝난 직후로 정했고, 한 사람씩 돌아가면서 사회를 보며 진행했다. 이야기의 내용은 그날 배운 공부 내용이나 공부하면서 느낀 점이었다.

내가 함께하는 자리를 마련한 이유는 무엇보다 공부에 대한 목적과 자신감이 부족한 아이들에게 각자 의견을 발표하게 함으로써 공부에 대해 한 번 더 생각하게 하고, 자기 의견을 표현할 기회를 가지게 하고 싶어서였다. 아이들은 그 시간에 자신이 쓴 감사일기 중 한 가지씩을 발표하는 시간도 가졌다.

물론 나도 아이들을 가르치면서 느낀 점을 발표했다. 각자 발표가 끝난 다음에는 격려 차원에서 나머지 두 사람이 박수를 치며 마무리를 했다. 내가 먼저 시범을 보였고, 그다음에 첫째 손녀가 이어서 했다. 처음에는 이런 방식이 생소해 쑥스러워했지만 차츰 익숙해져서 자연스러워졌다. 이 시간을 통해 아이들과의 관계도 가까워졌다. 그리고 가끔은 공부 이야기뿐만 아니라 학교에서 있었던 일, 속상했던 일, 재미있었던 일 등 다른 이야기도 나누었다. 아이들과 대화하는 시간을 자연스럽게 가질 수 있어 서로에 대한 이해의 폭도 넓어졌다.

속해 독서가 조금 익숙해지면, 글 분석과 글 감상 등 다음 단계의 학습으로 넘어가는 것이 좋다. 국어 공부는 결국 분석과 감상 등 다음 단계로 이어져야 학습이 되고 아이들에게 지식과 지혜로 남게 마련이다. 다음 단계의 학습은 다음과 같이 진행했다.

1단계: 글 분석 및 글 감상 시작하기

사선 그으며 읽기가 좀 익숙해질 무렵부터는 중요한 내용이나 마음에 와닿는 부분에 밑줄을 긋게 했다. 그리고 왜 그곳에 밑줄을 그었는지 아이들에게 질문했다. 이 과정에서 아이들의 생각도 알 수 있고 내 생각도 전하면서 사고의 범위를 확장하고, 내가 아이들에게 전하고 싶은 가치에 대해 전달할 수도 있어서 좋은 기회가 되었다.

글 분석도 진행해 다음과 같이 세 가지 질문을 생각하면서 읽게 했다.

- 이 글은 몇 문단인가?
- 각 문단의 중심 내용은 무엇인가?
- 이 글의 주제는 무엇인가?

문단을 나누고, 문단의 중심 내용에 밑줄을 긋게 하고, 주제를 물어보는 시간도 가졌다. 모르는 어휘는 네이버 국어사전에서 찾아 정리 노트에 뜻을 정리하도록 하고, 짧은 글도 지어보게 했다.

2단계: 그림으로 표현하기

좀 더 시간이 지난 다음에는 읽은 내용이나 느낌을 그림으로 표현하게 하고, 자신이 그린 그림을 보고 내용을 설명하게 했다. 그림으로 표현하는 방법은 처음엔 아이들이 힘들어해 표현이 어려운 부분은 말풍선을 이용하거나 내용을 요약해 적는 방법도 병행했다. 글로 요약하는 것보다 그림으로 표현하는 것은 아이들이 훨씬 더 어려워했다. 그림으로 표현하는 방법이 더 고도화된 학습 단계이기 때문이다.

그러나 이것 역시 두 아이 사이에 차이가 있었다. 둘째 손녀는 그림 그리기를 좋아해 좀 더 길게 진행했다. 읽은 내용이나 느낌을 그림으로 표현하는 것은 정보를 표출하는 매우 효과적인 방법이지만 부담이 가고 힘든 만큼 아이의 성격이나 수준에 따라 진행하면 될 것 같다.

아이의 설명이 끝난 뒤에는 책 내용을 다시 살펴봐서 빠진 내용이나 틀리게 말한 내용은 없었는지 살펴보고 부족한 부분에 대해서는 보충하게 했다. 부족한 부분을 내가 직접 알려주는 방법보다 자기 주도적인 학습 효과가 있어 더 나은 방식이었던 것 같다.

이런 방식으로 동화책을 이용한 방법은 3개월 정도 진행했다. 그 후부터는 5차원 교육 워크북과 시중에 나와 있는 1일 독해 문제집으로 실시했다. 현재 둘째 손녀는 1일 독해 문제집을 사선 그으며 소리 내서 읽기, 글 분석 방법 적용하기를 주 3회 하고 있다. 주 1회는 5차원 교육 워크북으로 한다.

3단계: 인성교육과 겸한 글쓰기

6학년이 되면서 인성교육과 겸해 첫째 손녀는 《아름다운 서울 행복 편지》(박시호 글·그림, 동아출판)를 활용해 감동적인 짧은 글을 읽고, 느낌을 표현해보게 했다. 부담 없이 할 수 있도록 욕심을 부리지 않았다. 가끔 나도 책을 같이 읽고 내 생각을 함께 나누고, 쓴 글에 대한 피드백을 진행했다. 10분 이내의 시간에 할 수 있는 간단한 일이었기에 손녀는 부담 없이 잘 해내었다.

4단계: 사회, 과학 등 교과서에서의 적용

아이들은 기본적으로 읽기를 할 때 속해 독서를 기본으로 한다.

교과서를 읽는 방법도 마찬가지다. 평소에는 과학이나 사회 과목을 학습할 시간적 여력이 없어서 하지 못했다. 그래도 다행스럽게 학교에서의 수업만으로도 크게 부족하지는 않았다. 과학이나 사회에 관심이 많고 여유 시간에 과학과 사회에 관한 책들을 즐겨 읽어서 기본 개념을 잘 알고 있는 아이라면 별도의 공부가 꼭 필요하지는 않을 것 같다.

내가 아이들과 함께한 교과서 공부 방법은 다음과 같다.

- 단원의 학습 목표 충실히 읽기
- 사선 그으며 읽으면서 중요한 내용에 밑줄 긋기
- 도표나 그림을 잘 보면서 다시 한 번 읽고 내용 이해하고 외우기
- 학습 목표에 맞추어 중요한 내용에 대해 질문하기
- 내용을 요약하고 정리해보기

우선 단원의 학습 목표를 충실히 읽게 했다. 그것에 초점을 맞추어 교과서를 사선 그으며 읽고 내용을 요약하며 익히게 했다. 이때 물론 그림이나 표도 잘 살피도록 했다. 아이들이 그 내용을 숙지하고 있는지는 단원의 학습 목표를 보면서 질문해보고 부족한 경우 다시 교과서를 보고 설명했다. 문제집은 풀지 않았다. 이렇게 하면 대체로 한 시간 정도의 시간이면 충분했다. 방학이 되면 시간적 여유가 있으므로 사회와 과학을 위의 방법으로 한 번 정리

하고 마무리했다.

6학년의 사회 공부는 역사적 사실의 상관관계와 그것들을 한눈에 전체적으로 파악하는 것이 중요하다고 생각되어 방학을 이용해 단원별로 마인드맵으로 정리해보게 했다. 마인드맵은 학교 수업에서도 교사들이 많이 활용하는 학습 방법이라 고학년이라면 흔히 접해보았을 것이다.

도전! 매조천 실천 6

1단계: 글 분석, 글 감상 적용

사선 그으며 읽기가 좀 익숙해질 무렵부터는 중요한 내용이나 마음에 와닿는 부분에 밑줄을 긋도록 한다. 그리고 왜 그곳에 밑줄을 그었는지 아이들에게 질문하고, 내 생각도 전한다.

- 이 글은 몇 문단인가?
- 각 문단의 중심 내용은 무엇인가?
- 이 글의 주제는 무엇인가?

다 읽은 다음, 위의 세 가지 질문을 한다. 모르는 어휘는 네이버 사전에서 찾아 정리 노트에 뜻을 정리하고, 짧은 글도 지어보게 한다.

2단계: 읽은 내용이나 느낌을 그림으로 표현하기

좀 더 시간이 지나 속해 독서가 익숙해지면 다음에는 읽은 내용이나 느낌을 그림으로 표현하게 하고, 자신이 그린 그림을 보고 내용을 설명하게 한다. 그림으로 표현하는 방법을 힘들어하면 표현이 어려운 부분은 말풍선을 이용하거나 내용을 요약해 적는 방법도 병행한다. 아이의 설명이 끝난 뒤에는 책 내용과 비교해 빠진 내용이나 틀리게 말한 내용은 없었는지 살펴보고 부족한 부분에 대해서는 보충하게 한다.

3단계: 인성교육과 겸한 글쓰기

감동적인 글이나 메시지가 있는 짧은 글을 읽고, 느낌을 표현해 보게 한다. 가끔 아이가 쓴 글에 피드백을 해주거나 주제에 대해 아이와 대화를 나누는 것도 좋다. 이 역시 아이의 수준에 따라 글의 종류나 글 쓰는 분량을 조절한다.

4단계: 사회, 과학 등 교과서에서의 적용

다른 과목을 교과서로 공부할 때도 다음과 같은 방법으로 한다.

- 단원의 학습 목표 충실히 읽기
- 사선 그으며 읽으면서 중요한 내용에 밑줄 긋기
- 도표나 그림을 잘 보면서 다시 한 번 읽고 내용 이해하고 외우기

- 학습 목표에 맞추어 중요한 내용에 대해 질문하고 확인하기
- 내용을 요약하고 정리해보기

실천7

'매조천'으로 실천하는 영어 공부

영어 공부에 대한 투자

초등학교에서 가장 부모들이 중요하게 생각하는 과목이 바로 수학과 영어다. 수학과 마찬가지로 영어 역시 많은 시간이 걸리고 단기적인 시간 투자로 성과를 이룰 수 없기 때문이다. 그리고 흔히 영어 실력은 대학 입시와 취업은 물론 앞으로 세상을 살아가기 위해서 기본적으로 갖추어야 할 능력이라고 생각되기 때문이다. 게다가 영어는 언어라는 특성으로 어린 시절부터 공부를 시작할 수 있고, 특히 시간적 여유가 있는 초등학교에서 실력을 올려놓으면 중고등학교에서 다른 과목 공부에 투자할 여유가 생기기 때문이다.

이러한 생각으로 일부 부모들은 고비용의 영어유치원이나 사교육에 눈을 돌리게 된다. 이에 따라 일부 아이들이 영어 학습으로 인한 스트레스로 힘들어하는 경우를 종종 볼 수 있다. 특히 교육열이 높은 지역에서 이러한 현상은 더욱 뚜렷하다. 힘든 과정을 잘 이겨낸다면 아이의 성장에 큰 도움이 되겠지만 그렇지 못한 경우는 눈에 보이지 않는 중요한 것을 놓칠 수 있다고 생각하기에 참으로 안타깝기도 하다.

아이들은 부모의 생각대로 자라지는 않는다. 나는 영어 공부도 독서와 마찬가지로 여러 가지 좋다는 방법을 시도해보았지만 잘되지 않았다. 아이의 특성과 속도에 따른 맞춤식 지도가 필요하다.

영어 집공부, 시작!

첫째 손녀 가원이는 친구 엄마로부터 매주 조금씩 영어를 지속적으로 배우고 있어서 별도로 지도하지 않았다. 둘째 손녀 지원이는 원어민과 수업도 해보고 영어학원도 단기간 다녀보았지만, 너무 힘들어하고 효과도 없어서 그만두었다. 그리고 초등학교 3학년 때에는 학교 교재를 중심으로 문장이나 단어를 쓰고 외우는 것을 시도해보았다. 그러나 영어에 대한 흥미가 별로 없고, 너무 힘들어하는 것이 보여서 그것도 그만두었다. 국어나 수학 공부도 부족한 때라 영어까지 할 엄두를 내지 못했다.

그러다 3학년 겨울방학이 되어 영어 공부를 우선 내가 해봐야 겠다고 마음먹고 지인인 영어 선생님의 조언을 들었다. 우선 영어를 하기 위해 파닉스를 기본으로 해야 한다고 해 인터넷 검색을 통해 서평이 좋은 책을 찾았다. 서칭한 책 가운데 내가 고른 것은 길벗스쿨에서 나온《기적의 파닉스 1~3》세트였다. 선정 이유는 무엇보다 그림이 예뻤고 '하루 4쪽, 3개월이면 혼자서도 영어책 읽기가 가능해지는'이라는 부제 때문이었다. 3개월에 세 권 완성이면 각 권이 한 달이면 충분하다는 의미였다.

파닉스

✿ 1단계: 맛보기

이 책을 세 번 보는 것으로 목표를 잡고, 천천히 접근했다. 욕심을 내지 않겠다고 다짐했다. 첫 번째는 한 과를 2~3일씩 맛보기 수준으로 아이가 편하게 그냥 진도를 나갔다. 이렇게 따라 하다 보니 4개월이 지나서 세 권을 끝낼 수 있었다.

✿ 2단계: 복습 과정

두 번째 복습에서는 스펠링을 외우지 않고 단어를 보고 읽고 무슨 뜻인지 아는 정도로 테스트했다. 단문인 문장과 이야기하기(Story Telling)를 잘 읽을 수 있게 반복해 지도했다. 한 번 보았던 교재라 지원이도 두려움 없이 잘 따라왔다.

✿ 3단계: 재복습 과정

세 번째 과정에서는 단어 시험과 함께 단문 문장 읽기(Sentence Reading)와 짧은 이야기하기를 외우고 녹음하게 했다. 그리고 녹음한 것을 들려주었다. 지원이는 처음에는 힘들어했지만 같은 교재를 사용하니 두세 번 읽고 나면 쉽게 외웠다. 단어 하나도 그렇게 어려워하던 아이였는데 발음을 생각하면서 스펠링을 외우고, 문장도 쉽게 외우게 되었다.

지원이도 자신이 발전하고 있음을 느껴서인지 원어민의 발음대로 읽으려고 한다든가, 녹음할 때 나에게 나가 있으라고 한 뒤 혼자 마음에 들 때까지 지우고 반복하기도 했다. 이렇게 해서 파닉스 세 권을 9개월에 걸쳐서 끝냈다.

리딩북

🌸 1단계: 맛보기

9개월이 지나서 다음 단계로 세 권으로 된 리딩북(Reading Book)을 시작했다. 같은 출판사에서 나온 책을 구입해 마찬가지로 주 4회 한 과를 2일씩 지도하고 있다. 첫날은 처음에는 듣기만 한다. 그다음엔 원어민 녹음을 같이 듣고, 같이 읽는다. 마지막으로 세 번째는 혼자 읽게 한다.

둘째 날은 워크북을 풀고, 본문을 보면서 읽는 것과 외워서 읽는 것을 녹음한다. 그리고 나서 녹음한 것을 들려준다. 그러면 자신의 녹음을 듣고 잘못된 부분은 아이 스스로 파악한다. 그런 다음 수정해 다시 녹음하고 마친다. 처음에는 본문을 외우는 데 시간이 많이 걸렸으나 요즘은 몇 번 읽고 나면 반복된 문장이라 별로 부담스럽지 않게 하고 있다. 테스트는 보통 단어 5~10개 정도며, 요즘은 대표되는 문장 1~2개를 외워서 쓰기를 추가하고 있다.

✿ 2단계: 복습 과정

한 권이 끝나면 다시 복습 과정을 한다. 이때는 이미 한 번 학습한 책이라 하루에 두 과 정도 한다. 녹음은 하지 않고, 읽고 외우게 한다. 단어와 시험은 첫 번째 과정처럼 한다. 단원의 대화 부분은 역할 바꾸기를 하면서 해본다. 이 부분은 지원이가 좋아한다. 단어 외우기는 좋아하지 않지만 잘 따라오는 편이다. 아이의 흥미를 고려해 강압적으로 하지 않으려고 노력한다. 리딩북은 잘 소화하고 있어서 한 번의 복습으로 끝냈다. 지금은 리딩북 세 권 학습을 진행하고 있다. 요즘은 영어 공부는 혼자서도 가능해 내가 도와줄 수 없을 땐 혼자 진행하고 있다.

✿ 3단계: 3학년 교과서부터 시작

아이가 어느 정도 영어 문장에 익숙해지고 있어서 최근에는 교과서 복습을 시작했다. 우선 3학년 교재부터 시작해 공부하고 있다. 지금 하고 있는 리딩북과 병행해 하루에 한 과 정도 하는데 잘 따라오고 있다. 하루 공부의 총 시간이 두 시간이라 영어에 투자하는 시간은 주 4회 30~40분 정도다. 사실상 절대적으로 부족한 시간이지만 어느 정도 실력이 될 때까지는 더 시간을 늘리는 것이 무리일 것 같다. 아이의 학습 역량을 봐가면서 시간과 양을 늘리면 될 것이라 생각한다.

일단 매조천의 원리를 적용해 꾸준히 하고 있다. 그래도 아이의 실력이 점점 좋아지면서 영어 공부에 부담이 줄어들고 있는 것이 보인다.

🌸 4단계: 기타 추가 활동

리딩북 시작 시기에는 한 쪽에 한 문장 정도 있는 가장 기초적인 리딩북을 내가 처음에는 읽어주고, 그다음에는 같이 읽고, 며칠 지나 익숙해지면 지원이 혼자 읽도록 했다. 이것은 보조 교재로 '영어와 친해지게 그냥 여러 가지 맛보자'는 의도로 시작해 단어나 문장을 외우도록 하지는 않았다. 그러나 교과서를 시작하면서 시간이 부족해 중단했다.

아이가 좋아하는 노래, 동화, 애니메이션 등의 동영상을 활용해 영어에 익숙해지게 하는 것으로 영어에 대한 노출을 늘리는 흘려듣기와 자세히 집중해서 듣기는 아이의 학습 부담을 고려해 차츰 추가할 예정이다. 식사 시간을 이용해 흘려듣기를 시도해보았으나 아이의 의지가 없었다. 신경 쓰지 말고 그냥 틀어두라고 해도 그 자체를 편하게 여기지 않아 지속적으로 되지 않았다. 그래서 지금은 동영상을 이용해 가끔 흘려듣기를 하고 있다. 아이가 이것도 학습이라 느끼지 않도록 서서히 접근할 예정이다. 무엇보다도 중요한 것은 영어에 대한 흥미라고 생각하기 때문이다.

이렇게 영어 공부에 투자하는 시간은 하루 중 30분 남짓한 시간인데 다행인 것은 요즘은 지원이가 영어에 대해 크게 부담을 갖지 않고 있다는 것이다. 학교에서도 말하기 평가에서 A를 받거나 단원평가에서 만점을 받아 자신감도 생기고 있다. 5학년이 되어 영어 선생님으로부터 발음이 좋다고 칭찬도 들었다고 하면서 좋아했다. 조금씩 천천히 가도 꾸준히 한다면 기초가 다져질 것이고 속도는 그때 내면 된다고 생각한다.

영어 공부에 대한 동기 유발을 위해 책이 한 권씩 끝날 때는 원하는 것을 사주거나 맛있는 것을 사주는 등 즐거운 보상을 했다. 영어 공부는 1년이 조금 넘은 기간이라 아직 초기 상태로 갈 길은 멀지만 눈앞의 성적이나 결과에 연연하지 않을 생각이다. 과정을 지속한다면 속도가 나고, 아이 스스로 주도적으로 할 날이 올 것이라는 믿음으로 진행 중이다.

도전! 매조천 실천 7

파닉스

1단계: 맛보기

적당한 파닉스 책을 선정하고 책을 세 번 보는 것으로 목표를 잡는다. 나의 경우는 길벗스쿨에서 나온 《기적의 파닉스 1~3》 세트를 사용했다. 한 과를 2~3일씩 맛보기 수준으로 책 내용을 두세 번 들으면서 아이가 편하게 그냥 진도를 나간다.

2단계: 복습 과정

두 번째 복습에서는 하루에 한 과 듣기를 두세 번 반복하고 아이가 익히도록 하되 스펠링을 외우지 않고 단어를 보고 읽고 무슨 뜻인지 아는 정도로 테스트한다. 단문인 문장과 이야기하기를 잘 읽을 수 있게 반복해 지도한다.

3단계: 재복습 과정

세 번째 과정에서는 단어 시험과 함께 단문 문장 읽기(Sentence Reading)와 짧은 이야기하기(Story Telling)를 외우고 녹음한다. 그리고 녹음한 것을 들려주고 잘못된 곳이나 발음이 원어민 발음과 다른 곳은 없는지 물어본다. 대체로 아이들은 스스로 파악한다. 다시 수정해 녹음한다.

리딩북

1단계: 맛보기

9개월이 지나서 다음 단계로 세 권으로 된 리딩 교재를 시작했다. 같은 출판사에서 나온 책을 구입해 마찬가지로 주 4회 한 과를 2일씩 한다. 첫날은 처음에는 듣기만 한다. 그다음엔 원어민 녹음을 같이 듣고, 같이 읽는다. 마지막으로 세 번째는 혼자 읽게 한다.

둘째 날은 워크북을 풀고, 본문을 보면서 읽는 것과 외워서 읽는 것을 녹음한다. 그런 다음 녹음한 것을 들려준다. 그 후 수정해 다시 녹음하고 마친다. 처음에는 본문을 외우는 데 시간이 많이 걸리지만 시간이 지나 몇 번 읽고 나면 반복된 문장이라 별로 부담스럽지 않게 된다. 테스트는 보통 단어 5~10개 정도로 한다.

2단계: 복습 과정

한 권이 끝나면 다시 복습 과정을 한다. 이때는 이미 한 번 학습한 책이라 하루에 한두 과 정도 한다. 녹음은 하지 않고, 읽고 외우게 한다. 단어와 시험은 첫 번째 과정처럼 한다. 단원의 대화 부분은 역할 바꾸기를 하면서 해본다. 이 시기가 되면 혼자서도 공부할 수 있다. 단어 시험과 함께 대표되는 문장 1~2개를 외워서 쓰기를 추가한다.

3단계: 3학년 교과서부터 시작

영어 문장에 익숙해지면 교과서 복습을 시작하는데 우선 3학년 교과서부터 시작한다. 리딩북과 병행해 하루에 한 과 정도 한다. 나의 경우는 아이가 하루 동안 공부하는 총 시간이 두 시간이라 영어에 투자하는 시간은 주 4회 30~40분 정도다. 사실상 절대적으로 부족한 시간이지만 어느 정도 실력이 될 때까지는 더 시간을 늘리는 것은 무리가 될 수도 있다. 따라서 아이의 학습 역량을 봐가면서 시간과 양을 늘리면 될 것이다.

일단 매조천의 원리를 적용해 꾸준히 하면 아이의 실력이 점점 좋아지면서 영어 공부에 대한 부담이 줄어들 것이다.

4단계: 기타 추가 활동

일상적인 생활의 노는 시간, 여유 시간 등을 통해서 아이가 좋아하는 노래, 동화, 애니메이션 등의 동영상을 활용해 영어에 익숙해지게 하는 것이다. 영어에 대한 노출을 늘리는 흘려듣기와 자세히 집중해서 듣기는 병행하면 좋을 것이다.

영어 공부에 대한 동기 유발을 위해 책이 한 권씩 끝날 때는 원

하는 것을 사주거나 맛있는 것을 사주는 등 즐거운 보상을 하는 것
도 좋다. 나의 경우는 4학년 때 시작해 많이 늦었다. 그러나 조급해
하거나 불안해하지 않는다. 눈앞의 성적이나 결과에 연연하지 않
고, 과정을 지속한다면 속도가 나고, 아이 스스로 주도적으로 할 날
이 올 것이라는 믿음이 있다. 아이가 주도적인 공부를 하게 되면
자신의 필요에 따라 전력 질주를 하게 될 것이니까 말이다.

실천8

개념과 원리로 수학 공부 다지기

수학 공부에서 가장 중요한 것

여러 과목 중에서 아이들이 시간을 가장 많이 투자하고, 비중을 두는 것이 수학이다. 수학은 하루아침에 벼락치기로 좋은 결과를 얻을 수 없는, 단계별로 학습을 쌓아야 하는 과목이므로 초등학교 때 기초를 잘 잡아야 한다. 그래서 수학에 무엇보다 시간적·경제적 투자를 많이 하게 된다. 그러나 학년이 높아질수록 아이들이 수학을 어려워하고, 하기 싫어한다. 그러다가 중고등학교에 가면 많은 학생들이 '수포자(수학을 포기한 자)'가 되는 것이 현실이다.

나도 손녀들을 가르칠 때 수학에 중점을 두었지만, 아이마다 속도가 달라서 시행착오가 있었다. 그 후 수학에서 가장 중요한 것이 '개념과 원리의 정확한 이해'임을 알게 되었다. 이를 바탕으로 반복을 통해 개념을 더욱 확실하게 하면서 다양하고 심화된 문제를 통해 문제해결력을 높였다. 이렇게 하면 수학 공부는 걱정하지 않아도 될 것으로 생각한다.

내가 이런 결론에 이르기까지는 많은 시행착오가 있었다. 기본적인 원리를 뒤늦게 깨달은 탓에 작은 손녀딸에게 상처를 주었고, 아이가 수학을 싫어하도록 만들었다. 그리고 '내 손을 떠난 큰 손녀딸을 더 성장시킬 수 있었을 텐데' 하는 아쉬움이 남았다. 그러나 이런 방식을 계속하면 긍정적인 변화가 나타나고 있는 둘째 손녀딸이 더 큰 성장을 할 것이라는 믿음이 있다.

공부 방법을 바꾸다

2학년 때부터 공부를 시작한 둘째 손녀딸은 처음부터 기초가 부족해 '욕심을 내지 않고 차근차근 공부한다'라는 생각으로 마음을 비우고 시작했다. 공부량은 언니에 비해 적었지만 그래도 꾸준히 해왔는데 4학년 초까지 수학 실력이 크게 나아지지 않았다. 성과가 보이지 않으니 아이도 나도 재미도 없고 지치게 되었다.

여러 번 설명한 것도 모르는 일이 생기자 언제까지 설명해야 하냐고 큰소리를 치고 손녀는 울음을 터뜨리는 일도 몇 번 생겼다. '아이 머리가 나쁜가? 가르치는 걸 그만두어야 할까?'라는 마음도 들었다. 집중을 안 하는 아이가 문제라고 아이 탓만 했다.

그러다 나의 수업 방법에 대해 되돌아보게 되었다. 그동안 내가 가르쳤던 방법은 내가 옆에서 문제를 같이 읽어주고, 어떤 의미인지 설명을 해주는 것이었다. 아이는 주로 나의 설명을 듣고 이해하고 넘어갔다. 확실하게 자기 것으로 만드는 과정이 생략되어 있었다는 것을 알게 되었다. 또한 문제를 푸는 것을 지켜보면서 틀린 부분을 지적해 고치도록 하고, 속도가 느린 아이를 답답해하면서 기다리지 못하고 재촉을 했다. 이것이 아이에게 '나는 수학을 못하는 아이야'라는 생각을 심어주었고 자신감도 없어지게 만들었다. 모든 것이 내 탓이었다는 것을 깨닫게 되었다. 그래서 공부 방법에 관한 책을 읽고 나서 지도 방법에 변화를 주었다. 내가 선택한 세 단계 방법을 소개하고자 한다.

1단계: 개념과 원리를 매치해 확실히 이해시킨다

우선 개념을 확실히 아는 것이 중요하다고 생각해 교과서를 보고 천천히 설명했다. 개념 설명은 눈으로 볼 수 있는 형태나 직접 체험하는 방법을 사용하려고 노력했다. 예를 들면 도형 단원에서는 색종이로 각 도형의 형태를 잘라서 모양을 보면서 특징을 설명했다. 삼각형의 세 각의 합이 180도, 사각형의 네 각의 합은 360도라는 것을 직접 도형으로 자른 뒤 각각의 도형을 합쳐서 180도, 360도가 되는 것을 눈앞에서 보여주면서 설명했다.

그리고 이해한 것을 아이가 직접 내게 설명하게 해 확실하게 이해했는지 확인했고, 중요한 개념과 원리는 정리 노트에 적어두었다.

2단계: 문제를 풀 때는 세 가지 원칙에 따른다

나는 아이에게 수학 문제를 풀기 전에 알아야 할 중요한 개념과 원리를 먼저 질문했다. 그리고 아이가 이에 대해 잘 알고 있는지 확인한 뒤에 문제 풀이에 들어갔다.

문제는 사선 긋기를 활용해 읽게 하고 중요한 부분은 밑줄을 긋게 해 문제의 내용을 확실하게 이해하도록 했다. 늘 내가 아이에게 하는 말이 있다. "수학도 국어야. 문제를 확실하게 이해해야 출제자가 무엇을 원하는지 알고 어떻게 풀어야 하는지 생각할 수 있어"라는 말이다. 그다음으로는 세 가지 원칙을 적용하면서 풀도록 했다.

첫째, 구하려는 것은 무엇인가?
둘째, 주어진 조건은 무엇인가?
셋째, 어떤 개념이나 원리를 적용하면 되나?

세 가지 원칙을 적용해 문제를 푼 다음 답을 적을 때는 다시 한 번 구하려는 것이 맞는지 확인하도록 했고, 단위와 같은 세부 사항도 확인하도록 했다.

3단계: 틀린 문제는 직접 설명하게 하면서 복습시킨다

아이가 수학 문제를 풀고 나면 채점을 한 후 어려운 문제나 틀린 문제는 앞서 말한 세 가지 원칙에 따라 질문했다. 틀린 문제 가운데 아이가 조금만 생각하면 풀 수 있는 문제는 아이에게 적용해야 할 개념을 힌트로 주면서 스스로 다시 풀도록 기회를 주었다. 이렇게 하면 아이는 문제의 해답을 알면서 성취감을 느낄 수 있어 효능감이 높아진다. 아이가 영 어려워하는 문제는 다시 반복해서 개념과 원리를 학습했다.

그리고 나서 틀린 문제를 세 가지 원칙을 적용한 방식으로 아이가 나에게 직접 설명하게 했다. 이 방법을 쓰면 아이는 자연스럽게 그날 복습을 완결할 수 있게 된다.

4단계: 문제집, 수학책은 아이별로 맞춤 활용한다

문제집은 학기별로 아이 수준에 맞추어 두 권 정도 정해 하루 두세 쪽을 기본적으로 풀었지만, 문제의 난이도와 아이의 상황 등을 고려해 분량을 조절하기도 했다. 다양한 문제집을 여러 권 풀기보다 같은 문제집을 두세 번 반복했다.

참고로 두 손녀는 《쎈 수학》과 《문제해결의 길잡이(원리)》를 풀었고, 복습은 틀린 문제를 중심으로 했다. 6학년 말에 첫 손녀딸은 심화 문제집과 최상위 문제집을 처음으로 접했다. 채점할 때는 틀린 부분에 별표를 표시했는데 중요도에 따라 별표 개수를 다르게 했다. 복습 시에는 다른 색의 색연필을 사용해 구분했다.

한 학기가 끝나면 총정리 차원에서 《수학》, 《수학 익힘》 교과서를 다시 풀어보았다. 이렇게 하면 아이가 단원별 개념과 원리를 확실하게 이해하고 있는지 파악할 수 있다. 물론 연산 문제집도 병행해 하루 반 쪽 내지 한 쪽 정도 풀었다. 물론 아이가 우수하다면 굳이 이런 방식을 따르지 않아도 될 것이며 아이에게 맞는 효과적인 방법이 있을 것이다. 여기서는 내가 실천해본 하나의 방법을 제시할 뿐이다. 가장 기본이 되는 것은 아이의 속도에 맞추는 일이다.

나의 변화된 지도 방법은 개념을 확실하게 이해하고 자기 것으로 만드는 데 효과가 있었다. 그것은 시험 결과로도 나타났다. 둘째 손녀딸은 오답이 줄어들고 학교에서의 단원평가도 점차 좋은 성적을 얻게 되었다. 드디어 그렇게 원하던 100점도 받아보게 되었다. 공부에서 성취감도 느끼고 공부 의욕도 살아나게 되었다. 그 어려워하던 수학이 점차 쉬워지고 있었다.

첫째 손녀딸의 경우도 효과가 있었다. 6학년 말 세 번의 복습이 끝난 다음 "이제까지 푼 문제집은 난이도의 단계별로 나누면 총 5단계 중 3단계쯤 해당하는 것이고 그다음 심화 문제집이 있어"라고 했더니 자기도 심화 문제집을 해보고 싶다고 했다. 그런데 생각과 달리 잘 알고 있다고 생각했던 기본 개념을 확실하게 알지 못해서 틀리는 것이 보였다. 그래서 단원별 개념을 한 번씩 더 설명하고, 아이가 직접 설명하도록 했다. 또한 문제를 풀 때 주어진 조건이 힌트이므로 이 힌트 속에서 어떤 개념을 적용해서 풀 것인지를 생각해보고 풀도록 다시 한 번 강조했다.

기본 개념을 확실히 알도록 했더니 자신감을 가진 아이는 한 번도 경험해보지 않은 최상위 문제집에 도전하겠다고 했고 두려움

없이 풀기 시작했다. 그 결과 절반 정도의 오답률을 보여주었다. 학원 등록으로 인해 최상위 문제집은 앞부분만 풀고 중단했기에 '좀 더 일찍 시작했다면 실력을 더 키울 수 있었을 텐데' 하는 아쉬움이 많이 남았다.

개념과 원리의 이해가 가장 중요하다

두 손녀딸에게 수학을 가르치면서 내가 느낀 것은, 적절한 순간에 목표를 높여 아이의 역량을 넓혀주는 도전의 기회를 주는 것도 가르치는 사람이 가져야 할 중요한 역할이라는 것이다. 그리고 다행히도 큰 손녀딸은 학원에 등록하면서 치른 평가에서 그동안 사교육을 받지 않았음에도 수학의 기초가 잘 잡혀 있다는 평가를 받았다.

"수학은 개념과 원리의 확실한 이해가 전부"라고 해도 지나치지 않다. 이는 의도하거나 특별한 노력을 기울이지 않았지만 나 자신의 변화에서도 느낄 수 있었다. 학창 시절에 나는 수학을 좋아하지 않았는데 손녀들을 가르치면서 수학이 재미있어지고, 두려움이 없어지면서 문제를 잘 파악할 수 있게 되었다.

개념과 원리로 기초를 튼튼히 잡고 교과서 중심의 공부만 놓치지 않는다면, 아이들의 수학도 얼마든지 집공부로 가능하다는 사실을 나는 두 아이 덕분에 절실히 경험하고 깨달을 수 있었다.

도전! 매조천 실천 8

1단계: 개념과 원리의 확실한 이해

개념과 원리를 확실히 아는 것이 가장 중요하므로 수학 교과서를 보고 설명한다. 개념 설명은 눈으로 볼 수 있는 형태나 직접 체험하는 방법을 사용하는 것이 효과적이다.

예를 들면 도형 단원에서는 색종이로 각 도형의 형태를 잘라서 모양을 보면서 특징을 설명한다. 삼각형의 세 각의 합은 180도, 사각형의 네 각의 합은 360도라는 것을 직접 도형으로 자른 뒤 각각의 도형을 합쳐서 180도, 360도가 되는 것을 눈앞에서 보여주면서 설명한다. 그 후 이해한 것을 아이가 직접 설명하게 해 확실하게 이해했는지 확인한다. 이 과정이 매우 중요하다. 중요한 개념과 원리는 정리 노트에 적어둔다.

2단계: 문제를 풀 때의 세 가지 원칙

문제를 풀기 전에 알아야 할 중요한 개념과 원리를 먼저 질문하고 이에 대해 잘 알고 있는지 확인한 뒤에 문제를 풀도록 한다. 이렇게 하면 오답률을 줄여 아이의 자신감도 상승시키는 효과가 있다. 문제는 사선 긋기를 활용해 읽게 하고 중요한 부분은 밑줄을 긋게 해 문제의 내용을 확실하게 이해하도록 한다.

그다음으로는 세 가지 원칙을 적용하면서 풀도록 한다.

첫째, 구하려는 것은 무엇인가?

둘째, 주어진 조건은 무엇인가?

셋째, 어떤 개념이나 원리를 적용하면 되나?

답을 적을 때는 다시 한 번 구하려는 것이 맞는지 확인하고 적게 하고, 단위와 같은 세부 사항도 확인하도록 한다.

3단계: 틀린 문제는 직접 설명하게 하면서 복습

아이가 문제를 풀고 나면 채점을 한 후 어려운 문제나 틀린 문제는 세 가지 원칙에 따라 질문한다. 실수한 문제와 틀린 문제 가운데 아이가 조금만 생각하면 풀 수 있는 문제는 아이에게 적용해야 할 개념을 힌트로 주면서 스스로 다시 풀도록 기회를 준다. 그리고 틀렸던 문제를 세 가지 원칙을 적용한 방식으로 아이에게 직접 설명하도록 해 복습한다.

4단계: 문제집, 수학책은 아이별로 맞춤 활용

문제집은 연산 문제집과 수학 문제집을 학기별로 아이 수준에 맞추어 두 권 정도 정해 연산 문제집은 한 쪽, 수학 문제집은 하루 두세 쪽을 기본적으로 푼다. 문제의 난이도와 아이의 상황 등을 고려해 분량을 조절하기도 한다.

다양한 문제집을 여러 권 풀기보다 같은 문제집을 두세 번 반복하는 것이 좋다. 첫 번째는 전체를 풀고, 두세 번째는 틀린 문제만 푼다. 물론 기본 문제집 정답률이 90% 이상인 아이는 다음 단계의 심화 문제집을 풀도록 한다. 채점할 때는 틀린 부분에 별표를 표시하는데 중요도에 따라 별표 개수를 다르게 표시한다. 복습 시는 다른 색의 색연필을 사용해 채점한다.

학기가 끝나면 방학 동안에 마무리 정리 차원에서 《수학 익힘》 교과서를 다시 풀도록 한다. 이때 부족한 부분이 있으면 《수학》 교과서로 개념을 확실하게 다진다. 정리 노트, 오답 노트, 풀이 노트는 아이의 수준과 학습 부담을 고려해 적용한다.

수학 공부를 돕는 친구, 노트 삼총사

효과적인 수학 공부 노트 세 가지

일반적인 경우처럼 수학 공부를 처음 시작할 때 나도 문제집을 하나 선정하고, 시작 전에 개념과 원리를 설명해준 다음 문제를 풀게 하고, 틀린 것이나 모르는 것을 설명했다. 또한 같은 문제집을 틀린 문제 중심으로 다시 풀어보게 해 복습도 했다. 그리고 방학 때는 최종 마무리로《수학 익힘》교과서를 풀게 해 부족한 부분이 없는지 체크하고 보충하는 방법으로 진행했다. 이러한 방식으로 1년 6개월이 지나자 큰 손녀딸의 경우 상위권 수학 성적을 받았고 수학에 대한 자신감이 생겼다. 그래서 별도의 시험 공부를 하지 않아도 단원평가는 거의 만점에 가까웠다.

첫째 손녀딸은 5학년 때부터 자기 주도적으로 하는 데 크게 무리가 없어서 이때부터 오답 노트를 작성하게 하고 주말에는 스스로 복습을 하도록 했다. 6학년 2학기가 되어 계산 실수나 풀이 과정에서의 사소한 실수로 인해 오답을 하는 경우가 개선되지 않았기에 풀이 노트를 적용했다. 개념이나 원리를 잘 이해하고 있는 아이라 정리 노트의 필요성을 느끼지 않았다.

그러나 둘째 손녀딸은 시작부터 기초가 부족했던 만큼 천천히 진행했고, 아이가 혼자 해낼 수 있는 실력이 부족했기에 함께 풀어보는 방식을 주로 했다. 그렇게 1년 6개월이 지났지만, 아이의 실력은 크게 향상되지 않았다. 나의 기대에 미치지 못하는 것을 아이 탓을 하면서 역정을 내고, 답답해했다. 그러던 중 '며칠 전에는 다 아는 것처럼 문제도 잘 풀었는데 왜 시간이 좀 지나면 백지상태가 될까?' 하는 의문이 생기면서 나의 지도 방식에 문제가 있었음을 깨닫게 되었다.

강의식 수업 방법이 학습 효과가 낮아 아이가 개념과 원리를 확실하게 이해하지 못한 것이 큰 원인이라는 사실을 알게 되었다. 그래서 앞서 이야기한 대로 공부 방법도 바꾸고, 확실한 이해를 돕기 위해 중요한 개념과 원리를 정리하는 정리 노트를 작성하도록 해보았다. 결과는 효과적이었다. 욕심 같아서는 오답 노트나 풀이 노트를 적용해보고도 싶었지만, 아이가 아직은 역량이 부족하고 학습 시간에 대한 부담이 있어 적절한 시기를 기다리고 있다.

해낼 수만 있다면 정리 노트, 오답 노트, 풀이 노트가 수학 실력을 높여주는 효과적인 삼총사임에는 틀림이 없다. 그러나 아무리 좋은 것이라도 아이가 그것을 원하지 않고, 해내기 힘들어한다면 수학 공부에 역효과를 낼 수 있음을 잊지 말아야 한다. 아이의 속도에 맞추는 것이 가장 중요하다는 것이 나의 생각이다.

정리 노트

둘째 손녀딸이 처음 정리 노트를 작성하기 시작한 것은 다각형 단원에서였다. 정삼각형, 직각삼각형, 정사각형, 직사각형, 마름모, 사다리꼴, 평행사변형, 예각, 직각, 둔각 등의 정의에 대한 문제를 풀 때였다. 개념을 확실하게 알고 기억하도록 정리 노트를 만드는 것이 좋을 것 같았다. 미술을 좋아하는 아이의 특성을 고려해 색종이로 도형을 잘라 왼쪽에 붙이고, 오른쪽에는 도형의 특징을 적게 했다.

문제만 풀 때보다 더 많은 시간이 소요되었다. 그런데 평소보다 30분 이상 더 공부했는데도 아이는 전혀 지루해하지 않았다. "시간이 언제 이렇게 되었지?"라고 하면서 재미있다고 했다. 공부가 놀이가 된 느낌이었다. 그리고 정리된 노트를 보면서 매우 뿌듯해했다. 아이에게 "이 정리 내용을 잊지 않으려면 일주일 후, 한 달 후의 복습이 필요해"라고 말해주었다. 아이는 그러겠다고 했다. 그 결과 단원평가에서 처음으로 그렇게 원하던 100점을 받았다. 다각형 단원은 아이가 가장 좋아하고, 자신 있는 단원이 되었다.

아이의 특성에 맞는 효과적인 방법으로 가르치면 공부가 즐거움이 될 수 있다는 것도 다시 깨달았다. 아이에게 맞는 방법으로

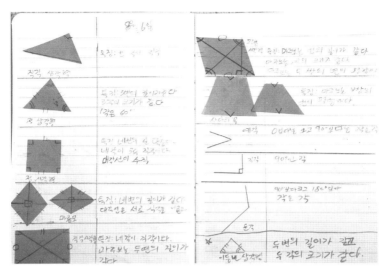

지원이의 정리 노트

개념과 원리를 정리하는 것에 대한 부모의 고민이 필요하다.

오답 노트

아이를 가르치다 보면 틀린 문제는 또다시 틀리는 경우가 많다. 한 번 이해하고 알았다 하더라도 시간이 지나면 잊어버리게 마련이다. 그래서 복습이 필요하다. 틀린 문제의 원인이 무엇인지 분석하고 여러 번의 복습을 통해 그것을 확실하게 이해하고 자기 것으로 만드는 과정이 필요하다. 그것을 도와주는 것이 오답 노트다.

첫째 손녀딸에게 적용할 때 집에 있던 오답 노트를 이용했지만 따로 구입할 필요는 없는 것 같다. 일반 노트를 세로로 3:1의 비율

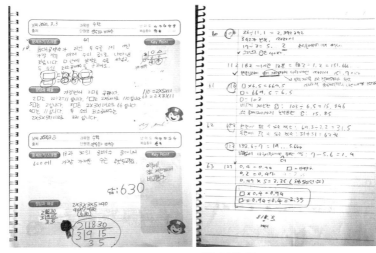

가원이의 오답 노트　　　가원이의 풀이 노트

로 두 칸으로 나누어 넓은 쪽에는 문제집 쪽수, 문제 번호와 문제를
적고 아래쪽에 풀이 과정과 정답을 쓰면 된다. 좁은 쪽에는 빨간색
볼펜으로 기억해야 될 키포인트를 적는 방식으로 하면 된다. 처음
에는 아이가 적은 것을 살펴보고 부족한 부분에 대해서 부모가 보
충을 해주면 된다. 이때 중요한 것은 오답 노트를 일주일 후, 한 달
후 복습하는 과정이 충실히 이루어져야 효과적이라는 것이다.

풀이 노트

수학 문제를 풀 때 노트에 풀이 과정을 적으면서 푸는 것을 습
관화한다면 가장 바람직할 것이다. 점차 비중이 높아지고 있는 서

술형 평가에 대비하고 논리적 사고를 향상시키는 데도 도움이 되리라 생각한다. 그러나 사실 매번 이렇게 풀이 과정을 적으면서 푸는 것은 쉽지 않다. 나도 중고등학교 때 시도했지만 지속적으로 실천이 되지 않았다. 다행히 최근의 문제집은 풀이 과정을 적는 형태가 많이 있어 문제집을 충실하게 하면 어느 정도 훈련은 된다고 본다.

6학년 2학기가 된 후 큰 손녀딸이 같은 유형의 문제를 지속적으로 틀리는 현상을 고치기 위해 풀이 과정을 적는 '풀이 노트'를 시작했다. 풀이 노트를 보면 어디에서 실수가 있는지, 어느 개념이 부족한지, 어떤 부분에서 잘못 풀었는지를 알 수 있다. 본인도 그 부분에 대한 지각이 일어나면 실수도 줄이고 학습 효과도 크리라 생각되어 실천해보았다.

풀이 노트를 보면서 어느 부분에서 실수하고 틀렸는지 함께 살펴보고, 어떻게 고쳐야 하는지 설명을 해주었다. 물론 아이 스스로 문제점을 알아내는 과정을 한다면 그 효과가 더 크다고 생각한다. 그러나 자기 스스로 그런 생각이 들지 않는 상태에서 지시적으로 하게 한다면 아이에게 학습 부담과 스트레스를 더 줄 것 같아서 욕심을 접었다. 틀린 부분에 대해 노트에 빨간색 볼펜으로 표시하게 했고, 풀이를 다시 직접 고쳐서 쓰게 했다.

풀이 노트를 시작한 날 오후 나는 '풀이 노트에 적어가며 푸는 것이 시간도 더 소요되고 귀찮게 생각되어 어쩌면 힘들어할지도 모르겠다'라는 생각이 들어 다음과 같이 카카오톡으로 문자를 보냈다.

가원아! 오늘 노트에 푸는 것 힘들지 않았니? 할머니가 이야기하면 불평도 안 하고 믿고 그대로 해내는 울 가원이 대단하고 기특해. 그리고 할머니 믿어줘서 너무 고마워. 지금은 힘들지만 그 노력은 네게 남을 것이니 좋은 결과가 있게 될 거야. 잘 해나가는 과정만으로도 넌 이미 훌륭해. 사랑한다.

나의 메시지에 가원이는 답신을 보내왔다.

네, 할머니. 다 나중에 도움이 되기 위해서 한다는 거 잘 알고 있어요. 나중에 힘들지 않으려면 지금 더 열심히 해야 한다는 것도요. 그리고 항상 공부 잘할 수 있게 도와주셔서 감사해요.

지속할 수 있게 하는 힘은 멀리 있지 않다. 이처럼 새로운 과정을 시작할 때 아이를 응원하고 격려하는 마음을 표현하는 것이 아이가 힘을 키우는 데 보탬이 된다.

감정 빼기와 마음 들여다보기

부모는 자신도 모르게 아이에게 상처를 준다

아이와 집공부를 하는 것은 어려운 일이다. 서로가 가족이라는 보이지 않는 믿음으로 인해 감정적으로 행동하기가 쉽기 때문이다. 가족이니 자신을 이해해주리라는 믿음으로 서로가 편하게 감정을 노출하기 쉽다.

부모는 자녀를 사랑하기 때문에 감정적인 행동으로 아이에게 상처를 주는 일이 생기지만 한편으론 그것을 인지하지 못하고 지날 때가 많다. 내 경우도 부모 역할 훈련을 하면서 아이에게 "엄마한테 많이 서운하고 속상했던 일 없니?"라고 물었던 적이 있었다. 당시 5학년이었던 딸아이가 네 살 때의 일을 기억하고 이야기해서 깜짝 놀랐다. 나는 미처 생각하지 못했던 일이었다. 그때를 되돌아보니 '아이 입장에서는 얼마나 황당한 일이었을까?'라고 생각되어 너무 미안했다. 그래서 "정말 미안하다"라고 사과하면서 아이의 마음을 풀어줬던 적이 있다.

나의 지인도 대학생이 된 자녀와 편하게 서로 이야기를 하던 중에 "어릴 때 학습지를 풀 때 잘못한다고 엄마가 머리를 쥐어박았던 일이 있었는데 그게 큰 상처가 되었어요"라는 말을 들었다고 한다. 자신은 전혀 기억이 나지 않는 일이었지만, 아이에게 진심으로 미안하다고 사과를 하고 나서 관계가 좋아졌다는 이야기를 했다.

감정 빼기가 필요하다

아이와 공부를 하다 보면 즐겁게 하는 경우도 많지만, 감정적으로 부딪힐 때가 많이 있다. 이때 필요한 것은 서로의 감정을 알아채고 공감해주어 감정을 빼주는 것이다. 그래야 좋은 관계를 지속하면서 공부를 잘 해나갈 수 있다. 자신의 감정을 통제하고 아이의 마음을 알아주는 완벽한 부모는 없다. 그러므로 노출된 감정을 잘 살펴서 아이의 감정을 알아주고 보듬어주는 것이 필요하다.

한동안 상승 무드로 즐겁게 공부하던 지원이가 얼마 전부터 공부가 하기 싫다며 힘들다고 다시 투정하고 있었다. 그동안 공부 의욕도 보이고 성취 효과도 있어서 앞으로 탄탄대로인 줄 알았는데 다시 난관에 부딪혔다.

아이가 힘들어하는 것이 이해가 가고 한편으론 '하기 싫은 걸 억지로 시키면 무슨 효과가 있을까?'라는 생각이 들었지만 그렇다고 그만둘 수도 없었다. 그래서 지원이와 이야기를 시작했다.

"지원이가 힘들다고 하니 오늘은 무엇이 가장 힘들고 또 원하는 것이 무엇인지 이야기해보는 게 좋겠어. 지원이가 무엇을 원하는지 이야기를 해야 할머니가 알지. 뭐라도 다 괜찮으니." 그러나 지원이는 눈물만 글썽이고 말을 하지 않았다. 감성이 풍부한 지원이는 말보다 눈물이 먼저 나오는 아이다. 아마도 할 이야기는 있지만 자신도 그렇게 해서는 안 되는 것을 알기에 말을 못 하고 있다는 느낌이 들었다. 그래서 내가 먼저 말했다.

"할머니는 네가 힘들다는 거 알고 있어. 어떨 땐 그만하자고 말하고 싶기도 하지만 그것은 지원이를 위한 길이 아닌 것 같아서 그렇게 말할 수도 없어. 그리고 어쨌든 공부는 학생이면 해야 할 일이니까. 그리고 네가 전에 1, 2학년 때 수업 시간이 너무 힘들었다고 했잖아? 그런데 지금은 수업 시간이 편하다고, 그 이야기를 들을 때 할머니 마음이 많이 아팠거든. 그래서 공부가 편해지도록 지원이를 도와주고 싶어. 이 어려움을 극복하는 일은 실력을 기르는 일이야. 세상에 공짜는 없거든. 공부 잘하고 싶지 않은 아이가 어디 있겠니? 이렇게 계단을 한 계단씩 올라가면 처음에는 힘들겠지만 근육이 생기면 웃으면서 갈 수 있어. 2학년 때 지원이가 구구단 외울 때를 한번 생각해봐. 그때는 힘들었는데 다 외우고 나니까 흐뭇하고, 이제 그것은 아무것도 아니잖아. 공부도 그렇게 될 수 있어."

그러고 나서 나는 "지원이가 원하는 것이 무엇인지 네가 이야기를 해야 할머니도 네 맘을 알지?"라고 다시 이야기를 했다. 하지만 지원이는 아무 말도 안 하고 울고만 있었다. 지원이의 우는 모습이 너무 안쓰러워서 나도 눈물이 났다. 지원이에게 "공부하지 말까?"라고 했더니 아니라고 고개를 흔들었다. "너도 해야 하는 것은 아는데 하기도 싫고, 너무 힘들구나"라고 말하면서 지원이 얼굴을 감쌌다. "우리 예쁜 지원이가 많이 힘들구나. 이렇게 예쁜데…" 하고 말하는데 나도 눈물이 나서 둘이서 부둥켜안고 울었다. 내가 우니까 아이의 울음소리는 더 커졌다. "지원아! 울고 싶으면 실컷 울고, 힘들면 힘들다고 말해"라고 했다. 그러면서 지원이를 부둥켜안고 "예쁜 지원이, 예쁜 지원이" 하면서 얼굴을 쓰다듬어주었다. 잠시 후에 우리는 감정을 추스르고 공부를 시작했다. 그동안 쌓였던 감정을 해소하고 나니 아이는 긍정적인 태도로 공부를 해나갔다.

그 일 이후 나는 아이의 마음을 보도록 노력했다. 짜증내는 아이의 모습을 보면서 "그런 태도로 할 거면 다 때려치워"라고 나무랄 것이 아니라, 공부가 힘들어도 하고 있는 것 자체를 긍정적으로 바라봐야겠다고 마음먹었다. 아이가 어떻게 한결같을 수 있을까? 스트레스를 풀어내야 아이도 살 수 있을 것이다. 아이의 감정을 알아주고 공감해주는 것을 통해서 감정의 안정을 찾아주면 아이는 저절로 바람직한 행동을 선택하게 될 것이라고 믿는다.

서로의 마음 들여다보기

나는 아이와 마음을 나누기 위해 《아홉 살 마음 사전》(박성우 글·

김효은 그림, 창비, 2017)이라는 책을 이용했다. 이 책은 다양한 감정이 정겨운 그림과 함께 나와 있다. 아홉 살 마음 카드도 있기에 둘 중 하나를 이용하면 된다. 이렇게 다양하고 구체적인 감정을 접하면 아이가 자신의 감정을 돌아보게 되고, 다른 사람의 감정도 이해하게 되어 인간관계도 좋아지고 행복해질 것이라는 기대가 생겼다.

어느 날 공부를 다 끝내고 《아홉 살 마음 사전》 책을 꺼냈다. "지원아! 시간 날 때 심심하면 이 책 한번 봐. 이 책에는 사람의 감정에 대해 쓰여 있는데 재미있어." 책 두께가 얇고 정겨운 삽화가 있어서 지원이 마음에 드는 것 같았다. "어디요? 정말이네요. 다 있어요." "지금 지원이 마음은 어때?" "처음엔 '힘들다'였는데요. 밀린 공부를 다 하고 나니, 흐뭇하고, 기쁘고, 제가 자랑스러워요. 그래서 '행복하다'예요. 그런데 할머니는요?" "응, 나는 '안쓰럽다', '기특하다', '흐뭇하다', '고맙고 행복하다'야." "'안쓰럽다'가 있나요? 아, 있네요. 그런데 왜 '안쓰럽다'예요?" "그건 네가 힘들어하는데 그만해라 할 수도 없고, 힘든 네가 이해가 가서 지켜보자니 안쓰러웠어. 그리고 짜증내지 않고 다 해내는 네가 기특하고, 흐뭇하고, 고맙고, 자랑스러웠어. 그래서 결론은 나도 '행복하다'야."

이처럼 마음 사전을 이용해 아이와 함께 자신의 감정을 쉽게 표현하는 것은 좋은 관계를 지속하고 대화를 이끌어낼 수 있는 손쉬운 방법 중 하나인 것 같다.

두 손녀딸이 말하는
할머니표 집공부

**"공부로 시작해서
즐거움과 행복으로 끝나는 것이 신기했던 것 같다"**

학습지로 공부를 할 때는 스트레스도 받고 공부에 대한 자신감이 딱히 없었다. 그런데 할머니와 공부하면서부터 달라졌다. 처음에는 큰 변화가 없었지만 점점 '매조천' 공부법을 실천하면서 성적도 오르고 공부에 대한 자신감이 생겼다. 그래서 지금의 내가 된 것 같다. 할머니와 공부하면서 얻은 공부법을 앞으로도 잘 실천해가면서 내 꿈을 찾아가고 싶다.

할머니와 공부하면서 서로를 더 잘 알아가고 가까워지면서 여행도 같이 다녔는데, 여행하면서 좋은 추억도 만들고 여러 가지 경험을 하니 지식을 더 많이 쌓을 수 있어서 좋았다. 공부로 시작해서 즐거움과 행복으로 끝나는 것이 신기했던 것 같다.

'나 말고도 다른 사람들도 공부를 더 잘하면서 좋은 추억도 만들면 좋겠다'라는 생각도 들었다. 매일 조금씩 천천히 하다 보면 어느새 자신의 목표에 가까이 다가와 있다. '매조천'은 할머니께서 가르쳐주신 가장 뜻깊은 말인 것 같다. 지금까지 할머니께서 공부를 잘 가르쳐주신 것이 감사하고 또 감사하다. ♡

2022년 4월 10일

이 가 원

"할머니께서 내 옆에 있어주시고
내 마음을 잘 알아주셔서 좋다"

할머니와 공부하며 사이가 더 좋아졌다. 그리고 할머니와 공부하며 성적도 좋아졌다. 공부하기 싫은 날도 있었다. 그때는 공부하는 것이 싫어서 머리가 아팠는데, 할머니께서 공부하라고 하셔서 슬펐다. 하지만 나중에 할머니께서 내 마음을 이해해주셔서 기분이 빨리 풀렸다.

나는 할머니와 공부하는 것이 좋다. 할머니와 함께 공부하면서 같이 시간을 보내는 것이 좋고, 그 일이 재미있다. 할머니와 한 약속 가운데 매일매일 "공부가 재미있다. 공부가 좋다. 공부가 쉽다!"라고 말하는 게 있는데, 그렇게 말하니 공부가 실제로 재미있어졌고, 좋아졌고, 또 쉬워졌다.

1, 2학년 때는 성적이 좋지 않았지만 할머니와 공부하며 성적도 많이 좋아졌고 공부에 대한 자신감도 키울 수 있었다. 할머니와는

여행도 하고 데이트도 많이 했기에 관계가 더욱 좋아졌다. 그래서 공부할 때도 더 좋았던 것 같다.

　나는 할머니께서 내 옆에 있어주시고 내 마음을 잘 알아주셔서 좋다. 지금도 나는 할머니와 매일 밤 이야기를 한다.

2022년 4월 10일

이 지 원

북큐레이션 • 내 아이를 사랑으로 키우고 싶은 부모들을 위한 책

《할머니표 집공부》와 함께 읽으면 좋은 책. 부모가 이해와 공감으로 아이에게 사랑을 줄 때 가장 건강한 가정을 만들 수 있습니다.

미래를 대비하는
메타버스 성교육

지금 해야 늦지 않는
메타버스 성교육

이석원, 김민영 지음 | 16,000원

"현실이 아닌 가상 세계도 성교육이 필요하다고요?"
다가오는 메타버스 세상을 대비한 성교육 지침서

전국의 양육자와 아이들에게 수천 회 동안 성교육을 진행해왔던 '자주스쿨' 이석원, 김민영 대표가 이제 메타버스에서의 성교육을 가이드한다. 양육자들이 메타버스에 관심 가져야 하는 이유와 함께 아이들이 메타버스에서 올바른 성 인식을 갖도록 '알파 세대에 맞춘' 성교육을 일목요연하게 설명한다. 메타버스와 성교육……. 양육자들이 어색해하는 두 가지가 합쳐졌다. 그러나 두려워하지 마라! 이 책과 함께 시작하면 어렵지 않다. 무엇보다 지금부터 메타버스 성교육을 진행해야 더욱 발전할 메타버스에서 아이들이 안전할 수 있음을 꼭 기억하길 바란다.

가족과 함께하는
감정 놀이 수록

최고의 부모

주경심 지음 | 17,000원

20세기형 부모로는 21세기를 살아낼 수 없다
우리의 자녀들을 지키려면 부모가 달라져야 한다!

이 책은 부모의 가치관을 점검하고 지도자가 아닌 부모가 되어주는 방법, 아이가 지혜를 얻고 스스로의 본질을 깨닫는 방법, 우리 아이가 21세기에 맞게 미래를 준비하는 방법 등을 담고 있다. 아울러 아이들의 표현법을 똑바로 이해하고 마주하는 방법도 담았다. 우리 아이가 주도적으로 자신의 미래를 만들어나가고 빠르게 변해가는 세상에 자신만의 '문제해결력'을 가지고 살아가길 바란다면 이 책을 통해 21세기에 맞는 부모 역할에 혁명을 일으켜야 한다! 최고의 부모가 되는 '혁명'은 여기서 시작된다!

미술 잘하는 아이는 다르다

강영애 지음 | 17,000원

엄마와 함께하는 자연, 과학, 요리, 독서를
소재로 한 창의력 가득 미술 놀이!

이 책은 '호기심이 많은 아이', '표현법이 남다른 아이'부터 '배움에 관심이 없는
아이', '집중력이 부족한 아이', '친구 관계를 어려워하는 아이', '감정을 표현하지
못하는 아이'까지 아이들의 성향에 맞게 창의력과 감수성을 키워주는 것은 물론
어른의 역할과 사회의 의무까지 알려줄 수 있는 홈스쿨 미술 수업에 관해 담고
있다. 아울러 상상력을 자극하는 방법부터 호기심을 깨우쳐주고 표현의 자유를
가르쳐주는 엄마표 미술 놀이까지 알려준다. 21세기에 맞는 아이의 미래를 밝혀
주는 교육, 바로 미술 수업에서부터 시작하자!

좋은 아빠 혁명

강은정 지음 | 15,000원

'우리 아빠가 새로워졌어요!'
훌륭한 아빠가 되기 위한 21세기형 육아 필독서!

오늘도 아빠들은 육아가 어렵다. 더군다나 넘쳐나는 육아 정보가 더욱 사람을 망
설이고 헷갈리게 한다. 하지만 아이의 가장 중요한 인생 파트너는 아빠이며, 포
스트 코로나, 4차 산업혁명 등 급변하는 시대와 점점 새로워지는 현대사회에서
아이들이 잘 크려면 아빠의 변화가 필수다! 이제는 단순히 친구 같은 아빠가 아
닌 21세기형 아빠의 역할을 해야 할 때다! 아이가 원하는 삶을 살 수 있도록 인
생의 길잡이가 되어주고 싶다면 좋은 아빠의 역할이 무엇인지 돌이켜보자. 이 책
은 그토록 어렵던 '좋은 아빠', '21세기형 아빠'의 길로 안내할 것이다.